DOCTOR HAMER

¿Genio o loco?

Charo González Casas

Doctor Hamer

¿Genio o loco?

Ediciones Obelisco

Si este libro le ha interesado y desea que le mantengamos informado de nuestras publicaciones, escríbanos indicándonos qué temas son de su interés (Astrología, Autoayuda, Ciencias Ocultas, Artes Marciales, Naturismo, Espiritualidad, Tradición...) y gustosamente le complaceremos.

Puede consultar nuestro catálogo en www.edicionesobelisco.com

Colección Estudios y Documentos
DOCTOR HAMER
Charo González Casas

1.ª edición: noviembre de 2019
2.ª edición: marzo de 2025

Corrección: *Sara Moreno*
Diseño de cubierta: *TsEdi, Teleservicios Editoriales, S. L.*

Edita: Ediciones Obelisco, S. L.
Collita, 23-25. Pol. Ind. Molí de la Bastida
08191 Rubí – Barcelona – España
Tel. 93 309 85 25 – Fax 93 309 85 23
E-mail: info@edicionesobelisco.com

ISBN: 978-84-9111-515-1
Depósito Legal: B-20.443-2019

Impreso en España en los talleres gráficos de Romanyà/Valls S. A.
Verdaguer, 1 – 08786 Capellades (Barcelona)

Printed in Spain

Para Emilio Peinado Pacheca. In memoriam.

¿Y si, en realidad, fuera muy sencillo? ¿Y si el cuerpo duele porque grita el alma?

A finales del siglo pasado, apareció en Alemania un médico internista que amenazó con dinamitar los andamios de la ciencia médica. Se llamaba Ryke Geerd Hamer. Abrió un camino distinto, desconocido, inexplorado, nuevo. Lo fue desbrozando él solo, sin subvención ni becarios, en su despacho de Oberaudorf reconvertido en laboratorio. A medida que avanzaba fue llegando a una conclusión asombrosa: en toda enfermedad interviene la psique. Y así como la psique colabora con el cuerpo para causar la enfermedad, también puede repararla.

Así de simple. Sin apenas necesidad de fármacos ni intervenciones quirúrgicas de urgencia ni tratamientos probados o experimentales. Según el doctor Hamer, para poder curarse, el paciente debe ser su propio médico. Basta con que indague en su vida y en su mente, encuentre el conflicto psíquico que le atenaza causándole ese mal físico y lo resuelva. Una vez reconocido y superado el conflicto, el cuerpo, gracias al cerebro programado por la psique, se repara él solo. Como cuando te cortas ligeramente con un cuchillo y al cabo de varios días la piel luce como nueva. Lo mismo, aunque con matices.

La medicina oficial se echó las manos a la cabeza. Ese Hamer está loco. Por el amor de Dios, ¿cómo va a autorrepararse un cuerpo con cáncer? ¿Cómo van a evaporarse, uno por uno, los tumores en una metástasis? Qué disparate. Un despropósito. El doctor Hamer, qué peligro. Puede causar mucho daño. Que lo silencien. Que lo detengan. Amenaza la salud pública. Que lo encierren.

Parecía ciencia ficción, el delirio de un demente.

Por primera vez en la historia, un médico anunciaba que había descubierto un programa de la psique que produce y repara las enfermedades. «El programador es la psique –decía–, el ordenador, el cerebro y la máquina, el cuerpo». Pero lo más sorprendente es que afirmaba que su teoría funcionaba en todos los casos con la exactitud de la física y las matemáticas. Y podía demostrarlo. Contaba con las pruebas físicas, visibles para el ojo humano. Enseñando un sencillo TAC[1] y armado con un puntero, Hamer podía señalar las huellas que va dejando la psique en el cerebro. Con la sola observación del TAC, detectaba el tipo de cáncer y el órgano afectado. Él lo veía, juraba que podía verlo. No eran alucinaciones ópticas. Y si él, un mortal corriente, percibía en un cerebro el impacto de la psique en un enfermo de cáncer, todos los demás médicos también podrían percibirlo. Así que se desgañitó pidiendo que, por favor, repararan en su trabajo, que comprobaran su veracidad, que le hicie-

1. TAC: Tomografía axial computarizada.

ran caso. «¡Miren! ¡Compruébenlo ustedes mismos! Verán que no me equivoco. No les estoy engañando. ¡Joder, que no estoy loco!».

Habría sido muy fácil desmontarlo. Bastaba con que un solo caso no se ajustara a su diagnóstico para pulverizar todo su trabajo, para acabar con sus desatinos y disparates, para dejarlo en ridículo, para mandarlo a su casa y que se quedara allí, quieto y calladito, rumiando con amargura su fracaso. Pero no lo hicieron. ¿Que qué hizo la medicina en lugar de demostrar que Hamer era un lunático? Mirar para otro lado.

Pero siguieron acorralándolo. Había que quitarlo de en medio. Ese fanático de sí mismo podía reclutar pacientes. Los convencía, podía hacerlo. Y cada vez eran más los enfermos desahuciados que acababan en su consulta creyendo, con fe terminal, que Hamer iba a curarlos, que él les enseñaría, que terminarían aprendiendo cómo manejar su psique y sus conflictos para escapar de una muerte anunciada por los médicos. Hamer, ese fantasma, empezaba a tener un público. Se dedicaron a desprestigiarlo en campañas orquestadas por los medios.

Lo tacharon de «charlatán», «embaucador», «farsante», «mentiroso», «oportunista», «pseudocientífico», «majadero», «brujo», «sinvergüenza», «matasanos», «criminal», «maniaco», «paranoico», «psicópata», «hijo de puta», «tarado psíquico», »narcisista», «ególatra», «encantador de serpientes», «perturbado», «vendedor de alfombras», «tratante de la muerte», «cruel», «antisemita», «nazi», «mamarracho», «chamán de pacotilla», «iluminado patético», «gurú de tres al cuarto», «lunático», «payaso», «líder de secta con ínfulas mesiánicas»... Demasiados insultos para un solo hombre.

Él pudo soportarlos, amparado por la fe en su verdad, pertrechado en una doctrina que él creía que había descubierto y que bautizó como Nueva Medicina Germánica.

Pero, ¿quién era Ryke Geerd Hamer? ¿Un genio capaz de alumbrarle a la humanidad el camino? ¿O un loco arrebatado por su afán de gloria y su propia tragedia?

Hay ciegos que guían muchedumbres. Pero hacia el final del túnel la luz que prometieron no aparece. Y hay genios que son luminarias y que acaban lapidados por las multitudes ciegas. Demasiada luz deslumbra. A la pupila humana le cuesta adaptarse. Nada es fácil. ¿Quién era, en realidad, el doctor Hamer? ¿Un iluminado? ¿Un ciego? ¿Un tuerto en un mundo de invidentes?

Para sus seguidores, una bendición del cielo. Para sus detractores, lo peor de la peor calaña. No dejaba indiferente a nadie.

Vivió ochenta y dos años repartidos en dos vidas. La primera, apacible y serena como médico respetable y feliz padre de familia. La segunda a contra corriente, perseguido por la Interpol, en la cárcel como un delincuente, sin trabajo –le quitaron la licencia para ejercer la medicina–, sin dinero –no se hizo rico–, despreciado por la ciencia, pisoteado por la prensa, acorralado por la justicia con encono y saña. Demasiada saña para una teoría que, a simple vista, podría no parecer tal disparate.

La pena mata. Eso lo sabe la ciencia aunque no disponga de ningún aparato que lo mida. Sé de una mujer sensible, inteligente y culta que murió de amor, literalmente. Su marido había fallecido sin que nadie lo esperara. Se sintió perdida. «Ayer, al calendario de la pared se le cayó una hoja. –me dijo un día–. Me la encontré en el suelo. Era la del 14 de febrero». Ya había empezado a notar ese dolor en la rodilla. Diagnóstico: cáncer de huesos. Murió en menos de un año «de pura pena», dice su hija.

Y así como las penas matan, las ganas de vivir nos salvan. Viktor Frankl fue un psiquiatra al que le tocó vivir, con veinticinco años, la peor de las suertes: estuvo prisionero en Auschwitz. Sobrevivió al infierno y lo contó en su libro *El hombre en busca de sentido*. «A pesar de no cepillarnos nunca los dientes y de la carencia vitamínica que sufríamos, teníamos las encías más sanas que nunca», cuenta. «Otra cosa inexplicable: se helaban las cañerías y no nos lavábamos durante días ninguna parte del cuerpo; y sin embargo, las llagas y las heridas de las manos, sucias del trabajo en la tierra, no supuraban». El día que se duchaban, aguantaban desnudos y empapados, de pie y a la intemperie el frío del invierno y no se costipaban. «A los médicos del grupo de prisioneros nos sorprendió descubrir la *falsedad* de los libros de medicina», escribió el psiquiatra. Tenían que resistir –los nazis los querían útiles– y vaya si resistían.

La fuerza de la mente. El poder de la psique

El doctor Hamer juraba que había detectado la angustia y la tristeza, que las había visto instalarse y multiplicarse en el cerebro del paciente, que había localizado el conducto invisible y secreto que une la psique con el cerebro y el cuerpo. Según Hamer, cada tipo de conflicto afecta a un órgano determinado y sólo a ese.

La medicina convencional atiende los síntomas. Que tose y le duele el pulmón, vamos a hacer una radiografía. Pero el doctor Hamer atendía a las causas. Humm, el pulmón, conflicto de territorio. Piense, recuerde, haga usted memoria. En qué momento y por qué se sintió amenazado. ¿Qué le sucedió que le asustara tanto? Y ahora vamos a ver su cerebro, para determinar en qué fase del programa se halla su dolencia. Entonces ordenaba un escáner y a la luz de una lámpara rastreaba el impacto de la psique en el cerebro del paciente.

Demasiada abstracción para la medicina clásica, que suma y resta con los síntomas como si fueran los dedos, por la cuenta de la vieja. Para la medicina de siempre manda el médico. Para la medicina de Hamer, mandan el paciente y la Naturaleza.

Murió el 2 de julio de 2017. Ocurre muchas veces que al desprecio en vida le sucede el reconocimiento. El vivo que sufrió el descrédito alcanza en muerte la gloria. El tiempo le ilumina, le arroja una luz nueva. Aún es pronto para que la historia diga si Hamer fue un genio o un loco, o las dos cosas. Sufrió mucho. Fue un valiente. Resistió lo irresistible. No resulta tan difícil ir siguiéndole los pasos. Su vida es su obra. Detrás del científico palpitaba el hombre, un hombre, Ryke Geerd Hamer, humanísimo si por humanidad entendemos mirar al paciente a los ojos y decirle: «Sea sincero, no se engañe, ¿qué le pasa?».

Todo empezó una madrugada, la del 18 de agosto de 1978. Un tirador, un rifle, una bala, una víctima. Si lo que sucedió no hubiera ocurrido nunca, el doctor Hamer habría seguido viviendo como todo el mundo, como hacemos todos, de la mejor manera que nos es posible. Pero los acontecimientos, terribles, se le echaron encima. Se encontró sitiado, sin escapatoria, en medio de su propia vida. No le quedó más remedio que tirar por el único camino que tenía. Era el más difícil. Pero lo siguió, en contra de todo, sin desvío posible. Para que luego digan que el destino no existe.

I. El crimen

Hasta aquella madrugada, los Hamer eran felices, al menos todo lo felices que se puede ser en este mundo. Ryke Geerd Hamer y Sigrid Oldenburg se habían conocido en 1955, en la facultad de Medicina de Tübingen. Tenían veinte años.

Y se enamoraron.

A esa edad los sueños son un asunto muy serio. Querían ser médicos para atender a los pobres. Sigrid suspendía alguna asignatura, pero Geerd era un empollón brillante. Además de medicina y física estudiaba teología. Su padre, Heinrich Hamer, era pastor protestante. Este dato es importante. En su casa de Krefreld –una ciudad de Renania del Norte– se bendecía la mesa. Dios era la presencia, el principio y el fin, estaba en todas partes. Aunque Geerd se había criado con sus abuelos en el campo –se lo llevaron con ellos al quedar su madre encinta de su cuarto hijo–, volvió a la casa paterna cuando tenía siete años. El abuelo, quien le hizo feliz, había muerto. Era 1942 y Alemania, un hervidero de pólvora, sangre y lágrimas. Adiós a su infancia bucólica, tan cerca del mar del Norte.

En Krefeld, Geerd oía por las noches el estampido de las bombas desde el refugio antiaéreo donde tenía que dormir con sus cinco hermanos y sus padres. Todos apretujados, entre cientos de civiles muertos de miedo y hambre. Fue testigo del primer gran ataque a la ciudad, antaño conocida como «la ciudad de seda» por su comercio con Oriente. «Todo ardía y brillaba por las bombas de fósforo blanco», dijo. Vio los cadáveres carbonizados –decenas de muertos– apilarse a la puerta de la parroquia que regentaba su padre. «Casi todos niños, mujeres y ancianos. Los hombres estaban en el frente», escribió. También vio cómo sus padres ayudaban a esconderse y escapar a los judíos –muy numerosos en Krefeld– para que no fueran deportados al campo de concentración de Riga. Jamás lo olvidaría.

Al acabar la segunda guerra mundial, pudo seguir estudiando. Y hasta aquella madrugada, su biografía es correcta: un buen chico; un buen estudiante. Tras graduarse a los dieciocho en la escuela secundaria de Krefeld, partió a Tübinger para matricularse en la universidad. Quería estudiar teología y medicina. Allí se encontró con Sigrid, «la chica más bonita, encantadora y auténtica. Éramos idealistas, defensores de la verdad y las grandes causas».

Ella era italiana, como la abuela materna de Hamer. Compartían el romanticismo, la energía de los veinte años –tan potente que se cree inmortal; no sabe que se va a hacer vieja– y una sonrisa muy parecida, con los incisivos un poco disparados.

En menos de un año, Sigrid se quedó embarazada. Tuvieron que casarse, después de instalarse en Erlangen, donde Geerd podía acabar lo que le quedaba de su carrera de teología en unos meses. A la boda no asistió ningún pariente. Fue un pequeño escándalo, con luna de miel incluida: un fin de semana a pie y en tren por Suiza, con Sigrid embarazada de cinco meses. «El viaje de bodas más bonito y barato –contó Hamer–. Nos queríamos mucho». El joven que era entonces, nuevo e inocente, no podía imaginarse que Erlagen, la ciudad donde se casó y nació Birgit, su primogénita, sería el lugar que acabaría eligiendo sesenta años más tarde para yacer en su tumba. Tal era la nostalgia que sentía de viejo por aquellos tiempos felices.

Apenas tenían dinero, pero entre biberones, pañales y apuntes, los dos se las apañaron para seguir con sus carreras de medicina, con la ayuda de una tía de Geerd y su trabajo en los altos hornos de la Thyssenhütte en Duisburg durante las vacaciones. Cuando Geerd consiguió su licenciatura en teología, en un tiempo récord, cuentan que le dijo a su padre: «Ahora sé tanto como tú». La anécdota no sorprendió al reverendo, quien solía decir: «Geerd es el más inteligente y fuerte de mis hijos. Logra todo lo que se propone».

Podemos imaginaros al joven matrimonio en su diminuto estudio –una sola habitación– cocinando salchichas y ravioli en un pequeño infiernillo, el calendario de los exámenes colgado de la pared y un bebé, rollizo y rubio, berreando. Los Hamer eran la única familia de estudiantes con bebé de todo el campus. «A los compañeros –recuerda el médico– les parecíamos pintorescos».

Se volvieron itinerantes. Tenían que trasladarse para completar sus estudios. Primero, a Marburg, donde nació Dirk, su segundo hijo, el 11 de marzo de 1959. «Sigrid dijo ese día que era el más feliz de su vida. Quería tener un varón. Estaba radiante». No podían sospechar que el recién nacido iba a ser asesinado diecinueve años más tarde; que su muerte sería el fin de esa bendición –la bendición de los Hamer–, el principio, la causa y el detonante del descubrimiento de la Nueva Medicina Germánica.

Tenían veinticuatro años, dos hijos y muchas asignaturas por delante. De Marbug, tras aprobar los exámenes teóricos, se fueron a Giessen, donde Geerd consiguió unas prácticas como estudiante en ginecología. Después, volvieron a Tübinger para seguir con sus clases prácticas en cirugía, neurocirugía, neurología, psiquiatría, oftalmología. Nació Gunhild, su tercera hija. Presentó su tesis. A los veintiséis años, pudo, por fin, ejercer como médico. Ya tenía el título y, todavía, las ilusiones intactas. Dos años después nació Bernd, su cuarto hijo, que acabaría dedicándose a la medicina.

Sus seguidores han llegado a decir que fue el estudiante más joven en licenciarse en medicina. Falso. Sus detractores, que se retrasó varios cursos para terminar aprobando. También falso. En un principio, se llegó a publicar que ni siquiera era médico, sino «sanador», alguien incapacitado para curar. Lo cierto es que además de licenciarse en teología y doctorarse en medicina, también estudió varios cursos de física con una familia numerosa a cuestas.

En esos años dorados, mientras veía crecer a sus hijos, el doctor Hamer ejerció la medicina oficial en hospitales universitarios de Tübingen y Heilderberg. En su modo de proceder, sus colegas nunca detectaron nada extraño, salvo que a veces prescribía jalea real a sus pacientes, algo todavía exótico para la época.

Se especializó en medicina interna –1972– y, en sus ratos libres, comenzó a diseñar aparatos. Tenía imaginación: una camilla de masaje capaz de ajustarse con precisión al contorno del cuerpo, un dispositivo para el diagnóstico de suero transcutáneo, una sierra de huesos menos agresiva que las del mercado, y su invento estrella, un escalpelo eléctrico prácticamente atraumático por la finura de su hoja. La patente de su bisturí iba a generar *royalties*. El sueño de juventud de los Hamer –atender gratuitamente a los pobres– parecía posible. De jovencitos pensaban que lo ideal serían los barrios más desfavorecidos de Nápoles pero, de momento, podían empezar por Roma. En la primavera de 1978, Sigrid se instaló con sus hijos en la capital italiana. Geerd se quedó en Heilderberg, trabajando en el hospital universitario. Un constante ir y venir de Alemania a Italia.

Guapos, listos, limpios, elegantemente descuidados, deportistas y, además, bilingües, los Hamer eran, por aquel entonces, una familia preciosa, un modelo envidiable de clase media alta, ese tipo de vecinos que le dan glamur a un barrio. La *mamma,* morena y mediterránea. El *vati,* rubio, metódico y disciplinado. Había amor en esa casa y varios perros boxers.

El cariño del doctor Hamer por los animales fue una de las primeras lecciones que les enseñó a sus hijos. Cuentan que en los restaurantes siempre pedía las sobras para los gatos y perros callejeros.

Una tarde de aquellas en que todavía vivían en Heilderbeg, Sigrid fue a visitar a una paciente gitana muy enferma. Vivía con su marido en la miseria. La doctora Hamer no le cobró la consulta y la mujer –puede ser que se sintiera en deuda– quiso leerle la mano. Sigrid no creía en esas cosas, así que se resistió, pero acabó consintiendo. La gitana cogió su mano, la miró un segundo y la soltó espantada. Estaba descompuesta. No quería decirle nada. Tal vez había visto una cruz muy fea marcada en la línea, rota, de la vida. Pero Sigrid quiso saberlo.

—He visto sangre –dijo la gitana–. Mucha sangre.

Cuando unos años más tarde, su teléfono sonó de madrugada y al otro lado la voz de su hija Birgit le transmitió la tragedia, Sigrid gritó:

—¡Lo sabía! ¡Yo sabía que iba a pasar algo malo! ¡Y ha sucedido ahora!

❑❒❑

Un encuentro, un temporal, el mar y un loco con un fusil de guerra. Esos cuatro elementos tuvieron que combinarse en lo que parecía un azar retorcido, trazado perversamente y al milímetro, porque terminó arrojando un saldo inverosímil, una desgracia absurda, como las de esas películas tan malas que cuando las ves dices: «Esto en la realidad no pasa. No puede pasar, es imposible».

Era el mes de agosto. El doctor Hamer estaba en Heilderberg, trabajando. Sigrid y los chicos pasaban las vacaciones en la isla de Cerdeña. Habían alquilado una casa.

La mañana anterior a la tragedia, los hermanos Dirk y Birgit Hamer fueron a la oficina de correos de Porto Rotondo para recoger un giro con el dinero que les acababa de enviar su padre. Dirk era un joven muy guapo, alto –1,93 metros–, rubio y de ojos azules, con el pelo casi al cepillo, además de un buen atleta. Entrenaba todos los días. Corría los cuatrocientos metros. «Un chico estupendo», educado, sano, de buena familia, el tipo de adolescente que las madres quieren para sus hijas cuando empiezan a llegar tarde a casa. Dirk adoraba el mar. Sabía pilotar barcos. Le gustaba pintar paisajes y retratos con colores vivos. Dibujaba muy bien, con encanto. Tenía talento. Cuando ves sus dibujos, piensas: «Qué sensible era este chico».

Se había retratado en un lienzo con acrílico que tituló «Autorretrato. El viejo». La figura es un rostro de anciano con un sombrero verde, flequillo y barba, y una mano huesuda y fuerte empuñando un bastón a la altura de la oreja. Por la camiseta, a rayas blancas y azules, parece un lobo de mar. Dirk con ochenta años. ¿Cómo es un joven que a los dieciocho años se retrata de viejo? Poco después de acabarlo, dijo:

—El año que viene moriré o me haré famoso.

La gitana que tiempo atrás le leyó la mano a su madre y vio su sangre y su muerte como por una mirilla, le habría dicho:

—El año que viene te sucederán las dos cosas.

Le encantaba caminar descalzo. Tenía diecinueve años.

Ese día, tras recoger el dinero del padre, Dirk se lo guardó en el bolsillo. De vuelta a la casa, los hermanos se encontraron con un grupo de conocidos. Estaban planeando una excursión en barco a la isla de Cavallo. Partirían al mediodía y volverían por la noche. «¿Os queréis venir con nosotros?». Dirk y Birgit aceptaron. Ese encuentro fue nefasto.

Tenían que pedirle permiso a Sigrid, así que fueron a buscarla. Dirk estaba tan entusiasmado con la excursión, que se olvidó del dinero y de dárselo a su madre. Una hora más tarde, los dos hermanos zarparon con los demás en tres barcos, el *Coke*, el *Master* y el *Mapagià*. Birgit iba en el primero; Dirk, en el último.

De Porto Rotondo a Cavallo hay 27,6 millas. Un trayecto corto, pero antes de divisar la isla, se levantó un temporal que empapó las cubiertas. Los barcos se zarandeaban. Eran como cascarillas.

Una vez, un marino cubano me dijo que el Mediterráneo es un mar tenebroso. Hay que andarse con cuidado. Eso fue lo que debieron de pensar los capitanes de los tres yates que componían la flotilla. El tiempo se había puesto feo. El aire, caliente, pesaba. Al atracar decidieron pasar allí la noche.

Cavallo es un paraíso para ricos con barco, un destino exclusivo, vetado para los mortales a sueldo. Sólo puedes entrar si tienes casa allí, o si los que la tienen, te invitan. Pertenece a Francia. La costa Esmeralda: aguas prístinas de color turquesa, rocas rojas y mansiones excesivas para la longevidad de sus propietarios. Había –y sigue habiendo– un solo restaurante, el del spa-hotel Des Perchêurs, carísimo. Los hermanos Hamer no podían permitirse una habitación ni la cena. El dinero que Dirk guardaba era para la *mamma*. Ni siquiera se acordaba de que lo llevaba encima. Decidieron dormir en los yates. Birgit, en una litera del *Coke*. Dirk, en un colchón del *Mapagià*.

A partir de aquí, los hechos se disparan, como el arma del loco que a las tres de la madrugada, se puso a gritar aterrorizando a todos mientras su mujer, Marina Doria, iluminaba la escena desde la playa con los potentes faros de su jeep. Para que su marido viera bien la escena, para que pudiera dar más miedo con sus amenazas.

—*Italiani di merda!* –aullaba–. ¡Os voy a matar a todos!

Niki Pende, que dormía en el *Coke*, se despertó. Además de gritar, ese loco había abierto varias bombonas de oxígeno para buceo. Se oía el silbido del aire en el silencio. Niki subió a cubierta. Y lo vio. «La luz de la luna brillaba. Lo veía nítidamente. Estaba casi en mi barco, en un bote pequeño».

—*Italiani di merda!* ¡Me habéis robado mi lancha! ¡Me lo vais a pagar, drogadictos!

El loco era el príncipe Víctor Manuel de Saboya, un energúmeno fuera de sí, un macarra de alta alcurnia. No parecía peligroso; lo era. Llevaba un rifle. «Me apuntó con el arma –dijo Pende después–. Me tiré al suelo. No podía escapar. Me dispararía si le daba la espalda. Disparó dos veces. Y trató de golpearme en la cabeza con la culata del rifle, pero lo esquivé. Volvió a apuntarme. Antes de que disparara por tercera vez, salté a su bote, me abalancé sobre él y los dos nos caímos al agua. Me alejé de él nadando. Entonces oí al niño gritar: «¡Ayuda! ¡Ayuda! ¡Socorro!».

Birgit también se había despertado. Estaba en el mismo yate que Pende. Oyó cómo silbaban las bombonas de oxígeno abiertas y al príncipe gritando:

—*Italiani di merda!* ¡Os voy a matar a todos! ¡Me habéis cogido mi zodiac!

También oyó decir:

—Nadie te ha robado nada. ¡Cálmate! A lo mejor alguien ha cogido tu lancha por error.

—¡Italianos de mierda! ¡Panda de gilipollas!

—¡Cálmate! ¡Calla!

El barco se zarandeó y, según Birgit, sonó un disparo «como un látigo y luego un golpe muy fuerte seguido de muchos insultos, muchos». Entonces hubo un silencio y, después, un segundo disparo. «El agua gorgoteó. Se oyeron algunas bengalas lanzadas desde la playa para ver lo que estaba ocurriendo. Parecía la guerra. Y entonces, oí el grito de un niño: «¡Anestesia! ¡Anestesia!». Chillaba en italiano, la lengua de su madre. El corazón de Birgit bombeó muy fuerte. «Me destrozó. Fue como un presagio».

Alguien entró en el camarote del *Coke* y le dijo:

—¡Tu hermano! ¡Le han disparado!

Niki Pende ya había subido al *Mapagià* al oír los gritos del muchacho. «Vi que era grave», dijo. El príncipe ya estaba en tierra. «Desde allí, un vehículo encendió las luces más potentes para enfocarnos –recordó Pende–. Distinguí la figura del príncipe junto al coche. Temí que siguiera disparándonos, así que les dije a todos que se tiraran al suelo». «Y nos tiramos, como conejos», declaró luego una chica. «Sólo nos tranquilizamos cuando empezó a llegar gente».

La segunda bala había roto un cristal del *Mapagià*, atracado el tercero en la fila desde la posición del pistolero. Había sobrevolado la cabeza de Pende y dos yates, el *Coke* y el *Master*, para acabar incrustándose, tras perforar una ventana, en el abdomen de Dick Hamer. «Corrí saltando por las cubiertas hasta llegar a mi hermano –recordó Birgit–. Estaba en el suelo, rodeado de gente, en estado de *shock*, a punto de perder el conocimiento. Sangraba mucho». Lo abrazó. Pegó su cara a la de Dirk y le dijo:

—No te preocupes. Te vas a poner bien, te lo prometo.

Y ya no dejó de repetirlo tras gritarles a todos:

—¡Hay que llevarlo a un hospital!

—¡El príncipe sabe que ha herido a un chico! –oyó como respuesta–. ¡Va a enviarnos su helicóptero!

«Pero el vientre se le estaba hinchando –relató Birgit–. Cada vez más. Parecía tener una fuerte hemorragia interna». Era una herida muy fea. En el atestado policial, levantado unas horas después en la comisaria de la isla, consta: «en el puente del *Mapagià* había un charco enorme de sangre». Dirk se estaba desangrando.

—¡Por el amor de Dios! ¿Cuándo llega el helicóptero?

Birgit sabía que no debía permitir que Dirk perdiera el conocimiento. Seguía hablándole al oído.

Entonces apareció un médico, un tal Pitoun. Se dio cuenta de la gravedad del asunto. Le aplicó un gotero. Dijo que había que trasladarlo con muchísimo cuidado. Siguieron esperando el helicóptero. Transcurridas unas dos horas, sin rastro del helicóptero y el suelo cada vez más rojo, el dueño del *Coke*, el barco más rápido de los tres, dijo:

—¡Vámonos!

Y puso rumbo al hospital más cercano, el de Porto Veccio, en Córcega. Birgit seguía abrazándolo. «Estaba acurrucado y consciente en un banco de la cabina –dijo–. No se quejaba. En un momento dado, sacó un pequeño montón de dinero del bolsillo, manchado de sangre. «Dáselo a mamá», dijo en voz baja.

❑❒❑

El doctor que le atendió al amanecer de aquel 18 de agosto dijo al salir del quirófano:

—Un cuarto de hora más tarde y se habría muerto. La bala estaba en la femoral. Al extraerla, hemos bloqueado la hemorragia interna pero la pierna derecha se ha quedado sin riego. No sé cuánto aguantará.

Sigrid, la *mamma*, ya estaba en el hospital.

—Tenemos que llevarlo a un hospital más grande –dijo–. Le han salvado la vida. Ahora hay que salvar la pierna.

El cirujano estuvo de acuerdo. Y lo trasladaron al hospital de la Concepción de Marsella. Allí le amputaron, primero, la pierna hasta la rodilla; después, hasta la ingle. Catorce días más tarde, el doctor Hamer, que no se movía de su cabecera, tomó la decisión de trasladar a su hijo al hospital universitario de Heilderbeg.

En total, Dirk sufrió diecinueve intervenciones quirúrgicas. Existen unas fotografías estremecedoras. Yace con el gotero y las sondas conectadas a una máquina. Le ha crecido mucho el pelo, ya no lo tiene al cepillo. Mira a la cámara con ojos huecos. Su alma ya no está allí. Es sólo un cuerpo, amputado y bello, asaltado por el dolor y derrotado por la mala suerte, ¿o debería escribir por el instinto sanguinario de un loco?

En su libro *Delitto senza castigo*, su hermana Birgit cuenta que un día, cuando entraron los enfermeros para llevarlo al quirófano le dio un beso. «La imagen se me quedó grabada para siempre. Dirk levantó los dedos en señal de victoria con la mano débil y temblorosa». Y la mantuvo así, «mientras los enfermeros empujaban la cama por el pasillo». No le funcionaban los riñones. Había que someterlo diariamente a diálisis. «Tenía un aspecto aterrador: menguante, jadeante, le temblaba todo el cuerpo».

Birgit también relata que durante los meses que duró la agonía, no dejó de pensar en un dibujo que Dirk había pintado con ceras de colores. «Era un velero bajo el cielo estrellado con un hombre al lado, sobre un bote pequeño, blandiendo un rifle». Lo dibujó a los ocho años.

Dirk Hamer murió a las cinco de la tarde del 7 de diciembre, ciento once días después de la fatídica noche, en la unidad de cuidados intensivos del hospital universitario de Heilderberg, en compañía de su padre, Ryke Geerd Hamer. Era jueves.

❑ ❒ ❑

El 7 de diciembre de 1980, setecientos treinta días después de su muerte, el doctor Hamer escribió, a la misma hora que murió su hijo, las cinco de la tarde:

«Un día como hoy, hace dos años, fue el más oscuro de mi vida, mi hora más negra. Mi amado hijo Dirk murió en mis brazos. Nada, ni antes ni después, ha sido tan indescriptiblemente espantoso, tan devastador. Creía que el sentimiento de impotencia y rendición, de tristeza infinita, se iría desvaneciendo poco a poco pero, por el contrario, es cada vez peor.

Ya no puedo ser quien era.

Mi pobre hijo, por todo lo que has pasado, todo lo que has tenido que padecer y sin una sola queja. Qué no habría dado yo por morir en tu lugar. Desde entonces, todas las noches vuelves a morirte en mis brazos, setecientas treinta noches en las que no quiero dejarte ir pero la fatalidad atroz siempre te arranca de mis brazos. Y vuelvo a sentir la impotencia, como hace dos años, llorando sin consuelo, paralizado como en aquel momento, entre los pacientes graves y los médicos y enfermeras apáticos, insensibles e inhumanos, que sólo me permitieron quedarme a tu lado mientras agonizabas.

Muchacho maravilloso, te fuiste como un rey, orgulloso, grande y a la vez tan tierno, pese a todos los tormentos, todas las sondas en las venas y arterias, la intubación y el terrible decúbito. Ante la bajeza y la maldad de tus torturadores sólo sacudías la cabeza. "Papá, son malos, muy malos".

Al final sólo me hablabas con los ojos, pero yo entendía cada una de tus palabras. ¿Entendiste tú todo lo que te dije la última vez, que papá y mamá te quieren mucho y que siempre estaremos juntos, siempre? ¿Y que ahora tienes que ser fuerte y dormir un sueño muy largo? Asentiste y estoy seguro de que lo entendiste todo aunque te estabas muriendo.

Sólo una vez, cuando ya habías cerrado los ojos y notabas mis lágrimas sobre tu cara, al oírme llorar, sacudiste la cabeza como diciendo: "Papá, no llores. Siempre estaremos unidos".

No me da vergüenza, hijo mío. Lloro muchas veces cuando no me ve nadie. No te enfades conmigo. Lo sé, sé que nunca viste llorar a tu padre. Pero ahora también soy tu alumno y me siento tristemente orgulloso de ti, de la dignidad con la que nos has precedido por la gran puerta de la muerte. Pero ni siquiera ese orgullo puede calmarme cuando, cada noche, pobre hijo mío, vuelves a morirte en mis brazos dejándome desesperado».

❑❒❑

El 2 de junio de 1946, se convocó un referéndum en Italia para que los ciudadanos decidieran si querían, o no, la monarquía. Ganó la república. El rey Humberto II tuvo que marcharse al exilio con su familia. Adiós a su patria querida. Se acabó la fiesta. Una fiesta muy corta, porque Humberto no llegó a reinar ni un mes; sólo veintiséis días, en mayo.

El loco que mató a Dirk era su hijo Víctor Manuel Alberto Carlos Teodoro Humberto Bonifacio Amadeo Damián Bernardino Jenaro María de Saboya, más conocido entre sus íntimos como *Totó Manivela*. El hijo de un rey sin corona pero con dinero, mucho dinero y contactos muy poderosos. Le trataban de alteza real, como si fuera un príncipe. ¿De qué reino? ¿Se puede ser príncipe de una monarquía extinta? El nieto de un carpintero cuyo padre heredó la carpintería del abuelo y la perdió en veintiséis días, ¿presume de carpintero? El pasado, ¿sigue existiendo o son sólo recuerdos? Los sueños son más consistentes. Nos empujan hacia delante, aunque no se cumplan.

Así que Víctor Manuel era un príncipe ficticio. Pero seguía ejerciendo como si lo fuera en los besamanos, las ceremonias, los bancos, las revistas del corazón y las mafias. Tenía prohibida, como su padre, la entrada a Italia. Tal vez por eso se había construido una mansión en Cavallo, una isla francesa pegada a Italia, su tierra. Y de ahí su grito de guerra: «*Italiani di merda!*» aquella madrugada. Una cuestión personal, un asunto doloroso que acabó rebotando en la femoral de Dirk mientras dormía. Odiaba a los italianos: sentía que le habían humillado. Nunca llegaría a reinar. Y todo por su culpa.

El nieto de un carpintero puede buscarse la vida, opositar a las administraciones públicas, trabajar a sueldo o emprender un negocio pero, a ver, a qué se dedica el hijo de un rey despedido.

Pobre Totó, sin su corona, con la calva al aire y las mejillas fláccidas. En la boda de los príncipes de Asturias –2004– le propinó dos puñetazos a su primo, el duque Amadeo de Aosta, a traición, sin que mediaran un mal gesto ni una palabra. Tuvieron que reducirlo, entre el glin glin y el frufrú, qué modales. «¿Pero es que Víctor no se da cuenta de dónde estamos?», dijo el agredido. Y todo porque los monárquicos de la República de Italia parecían decantarse por su primo. Ay, Totó, qué malo eres. En su mansión de Ginebra, albergaba una galería de tiro en el sótano para practicar con su colección de armas. Le gustaba pegar tiros. También era aficionado a los ferraris y a las putas.

Aquella mañana del 18 de agosto, él mismo se presentó a la policía. «En el momento en que se disparó el segundo tiro –declaró– yo tenía la mano en el gatillo y el proyectil desapareció accidentalmente. En ningún momento quise disparar en esa dirección. Reconozco los hechos tal como ocurrieron, ya que asumo mi propia responsabilidad en las lesiones causadas por esta bala perdida». También entregó un fusil Enfield, con veintinueve cartuchos, junto a su licencia de armas. Se trata de un rifle utilizado ya en la primera guerra mundial. Muy potente debía de ser porque, además de perforar la ventana del *Mapagià*, con tres agujeros, había impactado antes a estribor con el *Master*, el barco de al lado, atravesando una pared de fibra de vidrio en el puente para dividirse en dos. Una de estas dos esquirlas fue la que acabó con Dirk. «Estaba mojado», decía el atestado policial. Quedó custodiado en la comisaria de Ajaccio (Córcega), bajo precinto policial. Según el doctor Hamer, en agosto de 1983, desapareció. Lo reemplazaron por otro. Del abdomen de Dirk se extrajeron 4,125 gramos de fragmentos de plomo triturado. El experto en balística de la policía científica que realizó el informe dijo que eran idénticos a los del calibre 30 de los fusiles Hinterberger.

Del yate *Mapagià* no volvió a saberse nada. Quedaron las fotos, con la sangre de Dirk y la ventana rota, pero nadie lo reclamó para seguir investigando.

Fue un escándalo, con la foto de Totó en todos los periódicos de Europa. Según cuenta Birgit Hamer en su libro, su padre aceptó doscientos mil marcos del loco para gastos médicos. Dirk no tenía seguro. Según el doctor Hamer, con Dirk aún vivo, se firmó un acuerdo entre la víctima, sus padres y el pistolero para que el joven percibiera un millón de marcos. El de Saboya lo cacareó a la prensa, pero según Hamer no llegó a cumplirlo nunca. Sólo pagó las facturas de los hospitales. Dinero arriba, dinero abajo, la vida de Dirk no tenía precio. No sólo se la arrancó, sino que también destrozó a su familia.

El príncipe destronado pasó en prisión preventiva cincuenta días, en Ajaccio. Luego lo liberaron a la espera del juicio. Entretanto, los Hamer comenzaron a padecer hechos sin explicación, extraños.

En la primavera de 1979, el dueño del apartamento y la clínica que el doctor tenía alquilados en Weiterstadt, vendió, aprovechando que no estaba, todas sus pertenencias con la excusa de que le debía la renta de dos meses. Falso, como se demostró en un juicio posterior. Birgit cuenta: «Dijo que había quemado todas nuestras cosas –álbumes de fotos, cartas y documentos personales, juguetes, recortes de prensa–, lo que más queríamos. Pero esta explicación no era creíble. ¿Quién le prendió fuego a los recuerdos, cartas y fotos de una familia?». Según Birgit, el de Saboya había contratado a un detective «para reunir información sobre nuestra familia –especialmente de papá– y conocer nuestras *debilidades*».

En su libro *Einer gegen alle (Uno contra todos),* el doctor Hamer relató que por las mismas fechas recibió a un peculiar visitante. «Un proceso puede llevar mucho tiempo, señor Hamer, y usted es suficientemente inteligente como para proteger a los suyos», le dijo. Y le aconsejó que se retirara como acusación particular. De lo contrario, escribe el doctor Hamer: «Uno: mi familia sería expulsada de Roma; dos: mi reputación quedaría completamente arruinada; tres: mi familia acabaría en la bancarrota». También cuenta que le habló de lo peligroso que podía llegar a ser el tráfico. Pero Hamer estaba enfermo, sin fuerzas. «La muerte de mi hermano le destruyó –escribió su hija–. En el funeral, ese hombre tan fuerte, tan alto, tan imponente, tenía que arrastrarse, devastado y exhausto. Tras ciento once días descuidándose para cuidarlo, sin descansar, forzando el cuerpo, enfermó de cáncer». Después de la muerte de Dirk, tuvieron que operarlo de un carcinoma en un testículo. «Creía que me estaba muriendo –dijo el doctor Hamer–, así que no piqué».

Los Hamer contaron a la prensa que su alteza estaba haciendo todo lo posible para retrasar el juicio, versión que concuerda con los hechos. El doctor Hamer también relata que, entretanto, las amenazas del peculiar visitante empezaron a cumplirse. Tenía firmados contratos por las patentes de su escalpelo hamer y su sierra de huesos que le aseguraban de 20.000 a 50.000 marcos mensuales. No llegó a percibir ni un céntimo. Según el médico, el director de la empresa encargada de comercializar sus inventos acabó siendo despedido tras dejarse corromper por una mano negra. Sus licencias de patentes, por las que Hamer había pagado una buena suma, se bloquearon misteriosamente. Y los abogados de los Hamer, por razones inexplicables, siempre acababan abandonando el caso.

Por fin, el 13 de noviembre de 1991, en París, arrancó el juicio, trece años, dos meses y veintiséis días después del delito. Durante la investigación, al dueño del *Mapagià* se le había requisado un revolver sin munición. El abogado del acusado dijo que la bala que mató a Dirk no procedía de su cliente, sino de un segundo tirador. No se podía comprobar: tanto el barco *Mapagià* como el revolver habían desaparecido. También arguyó –la puñalada más baja– que el joven no murió por culpa de ninguna bala sino por el grave error que cometió su padre al trasladarlo en avión de Marsella a Heildelberg.

El jurado –dos hombres y siete mujeres– se retiró a deliberar. Tras más de dos horas, regresó a la sala con el veredicto. Lo siguiente lo contó el propio acusado jactándose. A la pregunta: «¿Hubo un acto voluntario por parte del Señor de Saboya?». El jurado respondió que no lo hubo. A la pregunta: «¿Es responsable el señor de Saboya de la muerte?». La respuesta fue la misma: «No, el señor de Saboya no era responsable». Y a la pregunta: «¿Tenía el señor de Saboya un arma de fuego?». El jurado respondió que sí, que tenía un fusil de antes de la guerra.

Sentencia: el señor de Saboya fue absuelto de la muerte de Dirk Hamer y condenado a seis meses de prisión condicional por tenencia ilícita de armas. *Totó Manivela* no pisó la cárcel. De algo tenía que haberle servido llegar a maestro dentro de la poderosa logia masónica P2, tan temida y peligrosa, a la que perteneció mientras intimaba con el Sha de Persia.

Pero la verdad es la Verdad. Es como la luz del sol: funde y se traga la mentira negra en cuanto se cuela por una rendija. Casi treinta años después del crimen, en 2006, *Totó Manivela* entró en la prisión de Provenza acusado de corrupción, asociación ilícita y explotación de prostitutas. Se le imputaba corromper a funcionarios públicos para obtener licencias de juego, cobrar sobornos y lucrarse importando prostitutas del Este de Europa. Sólo estuvo en la cárcel una semana –años después lo absolvieron– pero, para poder encerrarlo, la policía tuvo que pinchar su teléfono.

Algunas perlas que soltó en aquellas conversaciones: «Son gente pobre, envidiosa, mindundis, piensa en esos gilipollas que nos están escuchando, unos muertos de hambre, sin un céntimo, que tienen que escucharnos todo el día, mientras que su mujer puede que les esté poniendo los cuernos». Sabía que había escuchas. Se refiere a los sardos –habitantes de Cerdeña– como «esos mierdas que huelen a cabra» y le pide a su socio «una puta rubia y guarrona, como a mí me gustan». Era un hombre seguro de sí mismo. «Oye, que yo me he convertido en un tipo muy poderoso en Italia –dice–. Ahora le rompo el culo a quien me toca los huevos. O se hacen las cosas como yo digo, o el que la caga va fuera, ¿entendido?».

No se le ocurrió que la policía instalara una cámara oculta en su celda. Y *cantó*.

Él mismo se tendió una trampa. Ese hombre de mundo no sospechó que le estaban grabando. Y se lo contó, para presumir, a otros presos. «Cambié a seis de los miembros del jurado», confesó hablando del juicio de Dirk Hamer, «porque si no me gustaban, tenía el derecho de cambiarlos». Y siguió: «Yo tenía un ejército de abogados. [...]. Tengo que decir que los engañé. [...]. El fiscal había pedido cinco años y seis meses; yo estaba seguro de que iba a ganar, estaba más que seguro. [...]. Le damos seis meses con la condicional. ¡Seis meses! ¡Era una amnistía! Ni siquiera lo escribieron. ¡Salí!».

Entonces su compañero de celda le dice: «Pues usted se ha escaqueado, se lo digo yo, se ha librado de esa historia». «¡Excepcional!», apostilla su alteza. «Esos grandes abogados –interviene un tercer preso–. Una cuestión técnica». «No –dice Totó–. Yo disparé dos tiros, una vez así y el otro hacia abajo, pero el tiro se disparó en esa dirección, fue allí y le dio en la pierna (palabra incomprensible) pasando a través del fuselaje».

Totó ni siquiera sabía que no le hirió en la pierna, sino en el abdomen. Y continúa: «No sé si alguno hizo el servicio militar cuando...». Entonces habla del fusil «inglés» y de la munición: «una bala treinta cero tres». «Ah –le contesta un colega–, un M12». Y Totó remata: «No, no, no, no, de madera. Ey, ¿dónde está ese whisky?».

Cuando el abogado de los Hamer, tras la aparición del vídeo, quiso recuperar la sentencia de 1991 y se dirigió al registro del Tribunal de Justicia de París para obtener una copia, no encontró nada. No quedaba ni rastro de la transcripción del juicio. Había desaparecido.

El vídeo con la confesión está colgado en Internet. Puede verlo todo el mundo.

La justicia francesa sigue sin esclarecer quién fue el culpable de la muerte de Dirk Hamer.

II. El descubrimiento

Hacer un descubrimiento sólo es
escuchar el grito de la Naturaleza.
Ryke Geerd Hamer

¿Cómo se siente un hombre de cuarenta y cuatro años con una familia, una vida en limpio y todo en orden cuando le amputan un hijo tan salvajemente? Estaba a punto de emprender su sueño: vivir de sus inventos para poder dedicarse a los pobres. Pero se le vino abajo, quedó destruido, convertido en polvo.

El doctor Hamer enterró a su hijo en el cementerio protestante de Roma. Su mujer, Sigrid, eligió el lugar. «Allí hay muchos poetas», dijo.

Dos meses después de la muerte, Ryke Geerd Hamer empezó a sentir molestias en un testículo. Se le estaba hinchando. Tres meses después recibió el diagnóstico: teratocarcinoma intersticial del testículo derecho. Cáncer. «¿Cómo es posible?», se dijo. Por las mismas fechas, su mujer comenzó a notar que uno de sus ovarios le estaba fallando, no le funcionaba. Un testículo; un ovario: los órganos reproductores; los productores orgánicos de un hijo. Dos personas sanas, jóvenes, en la mitad de la vida, sin antecedentes clínicos, bien alimentados, con hábitos saludables, sin vicios, acababan de enfermar, casi a la vez, en las gónadas –un testículo; un ovario– tras perder a un hijo de una forma horrible, a traición y sin aviso, tras una agonía espeluznante.

Y entonces al doctor Hamer le saltó la alarma, esa alarma interna que se nos dispara a veces y aúlla y sigue aullando y ya no nos deja, o susurra o grita, pero nos sigue alarmando porque no hay manera, ni animal ni humana, de desconectarla. ¿Intuición? ¿Suposición? ¿Sospecha? Era un hombre enfermo en cuerpo y alma –el cáncer testicular; el duelo por su hijo–, pero su mente gritaba desde algún lugar de su conciencia. Pese al dolor, se mantenía despierta. Era la mente de un médico, un hombre de ciencia. Y le gritaba: «¿Mi cáncer no tendrá que ver con la muerte de Dirk? ¿Existe una conexión entre mi enfermedad y mi sufrimiento? Geerd, esto no es casualidad, no puede serlo. La muerte de mi hijo tiene que ser la causa, el culpable de mi cáncer, el desencadenante del origen y el proceso».

Le operaron dos veces, en el hospital universitario de Tübingen, el mes de marzo de 1979. Sus detractores dicen: «Menudo ejemplo. Mira cómo se operó para curarse. ¿Por qué no se aplicó a sí mismo su Nueva Medicina Germánica?». El doctor Hamer aún no había descubierto nada. «Si entonces hubiera sabido lo que descubrí más tarde –dijo–, no me habría operado». Solamente sospechaba, cada vez con más certeza, que su cáncer era la reacción de su cuerpo ante el crimen de su hijo. «Tenía cáncer de testículo con "metástasis" y ascitis purulenta después de que me extirparan los ganglios linfáticos paraortales en una cirugía de cinco horas». Un asunto grave. «Mis posibilidades de supervivencia eran minúsculas, menos de un diez por ciento –escribió–. No podía con mi vida. Me sentía casi tan muerto como mi hijo».

Por aquella época, tuvo lugar un suceso que el doctor olvidó muy pronto, pero que volvería a recordar a su tiempo, cuando comprobó que su descubrimiento era cierto. Lo cuenta el propio Hamer en su libro *Einer gegen alle*. Para algunos, será una prueba más de sus delirios narcisistas; para otros, parecerá una de esas pistas que, de vez en cuando, nos suelta el destino a modo de aviso. La anécdota es poética –no científica–, y Hamer la relata sin pudor, con la candidez de un niño.

Sucedió en París, dos años antes de su descubrimiento. Acababan de operarle para extirparle los ganglios. Su cáncer de testículo podría complicarse. Creía que iba a morir. Era un hombre vivo a medias, demasiado cansado para aceptar, aquella tarde, la propuesta de Birgit, su hija. La princesa de Lippe, una de esas damas de rancia nobleza, les invitaba a tomar el té en su apartamento, en un barrio de alcurnia. Hamer rehusó la invitación.

—No me apetece –dijo–, y además no tengo ropa adecuada.

—No importa, papá. Da igual lo que te pongas.

Unas horas más tarde, Hamer y dos sus hijos, Bernd y Birgit, estaban tomando el té en tazas de porcelana con las iniciales de los de Lippe pintadas en cursivas góticas. Seguro que la princesa, al llevarse la taza a la boca, rizaba el meñique. Tenía setenta y cinco años. Era una mujer tan alta como el doctor, que medía más de 1,90 metros, huesuda y flaca, con una cabeza muy distinguida y unos ojos francos. «Más que a una gran dama, me recordaba a un búho gracioso y simpático», escribió Hamer. Se fundía a la perfección con la estancia. Era como sus muebles: elegante y antigua.

La princesa de Lippe dominaba el arte de la cartomancia. Aquella tarde, les leyó el tarot a sus invitados. A Birgit le dijo: «Tendrás dos hijas pero no consigo ver al padre». Y a Bernd: «Tendrás tanto dinero que no sabrás ni cuánto».

Al llegarle el turno a Hamer, la consulta se alargó más de la cuenta. El doctor pensaba que aquello era un juego macabro. Era y se sentía un hombre acabado. La lectura iba a ser nefasta. La princesa fue tirando las cartas en silencio una, dos, tres veces. Cada vez que les daba la vuelta, comprobaba el resultado incrédula: siempre era el mismo. Luego miraba asombrada el rostro del consultante, con los ojos entrecerrados, la boca semiabierta, escrutándolo muy atenta, como si fuera un fenómeno.

—¿Qué pasa con papá? –preguntó Birgit, tras muchos minutos de silencio.

La adivina volvió a echar las cartas.

—Otra vez –dijo–. No, no hay duda. Tu padre es una de las personas más importantes de nuestro tiempo… si no la más importante.

Era la primera vez que a Hamer le echaban las cartas. Aquello no podía estar pasando. El tarot era un sinsentido, una tontería, un pasatiempo ridículo. Sus posibilidades de sobrevivir eran escasas. ¿Cómo iba a ser él, un pobre médico que había perdido a su hijo, con un cáncer con metástasis, con ascitis purulenta en un testículo, una persona tan importante? «Al oírlo, me sentí aún más impotente», dijo.

—¿Tendrá suficiente dinero? –preguntó Birgit.

—Querida –contestó la princesa adivina–, tu padre tendrá el dinero que necesite, pero esa es una cuestión que ni le preocupa ni le preocupará nunca.

«Al menos en eso ha acertado», pensó Hamer.

Al despedirse, la sonrisa de la princesa corroboró sus palabras. Parecía estar diciéndole: «Mi predicción es correcta. Ya lo verá, ya lo veremos. Es sólo cuestión de tiempo». «Me sentí todavía más pequeño», escribió Hamer.

Dieciocho años después, cuando el doctor relató la anécdota, Birgit era madre soltera de dos niñas. En esto, la princesa de Lippe había acertado. El doctor Hamer no había muerto. Ante un hombre moribundo, esto puede ser otro acierto. Pero para la medicina oficial, sigue siendo un charlatán chiflado, no la persona más importante de su época. Tal vez la predicción de aquella tirada no llegue a cumplirse nunca. O quizá el tarot acertara. Es posible que las cartas se repitieran, tozudas, sobre el tapete de la princesa porque exista una conexión misteriosa entre los arcanos y el sueño de la vida.

Hamer no lo creyó aquella tarde. Pero dieciocho años más tarde, cuando escribió sus memorias, relató la anécdota porque lo creía.

❑❑❑

En 1981, empezó a trabajar como especialista en medicina interna en una clínica oncológica en Oberaudorf (Baviera), dependiente del Hospital Universitario de Múnich Großhadern. Contaba, en aquel momento, con ciento setenta pacientes afectados de cáncer. Un campo de trabajo óptimo para comprobar la sospecha disparada como una alarma en su mente: «¿Será la muerte de mi hijo la causa de mi cáncer de testículo?». Y se puso a preguntar a los enfermos, uno por uno, si antes de notar los primeros síntomas habían padecido algún episodio traumático. No importaba que para el resto de la humanidad pudiera parecer banal, insignificante o ridículo. Lo importante era si el paciente lo había experimentado con un dolor profundo y en silencio, sin apenas poder compartirlo.

La respuesta fue unánime: «Sí». Algunos respondieron al instante. Otros tardaron más; tuvieron que pensarlo. Pero en todos los casos, poco antes de la manifestación del cáncer, el paciente había pasado por una vivencia angustiosa, conflictiva y traumática que irrumpió por sorpresa en su vida, a trasmano y a traición, sin que se le hubiera ocurrido ni remotamente que podría llegar a sucederle. Y aquí el doctor Hamer juntó las dos primeras piezas. El punto de partida había sido él mismo. Estaba pagando un precio muy alto. Pero su sufrimiento tal vez tenía un sentido. Su propia vivencia y su cáncer cuadraban con los de los ciento setenta pacientes de la clínica oncológica.

Podemos imaginarnos su entusiasmo. Seguía siendo un hombre herido pero acababa de confirmar su sospecha, y ahora la alarma gritaba: «Venga, vamos, Geerd, es el camino. Es el trauma, Geerd, lo que te ha provocado el cáncer. Y son ciento setenta traumas los que han provocado los ciento setenta cánceres de tus pacientes». Demasiados casos, contando el suyo, para tratarse de una sospecha infundada, una suposición absurda, un disparate o pura casualidad.

Entonces comenzó a relacionar el tipo de conflicto sufrido por cada paciente con el tipo de cáncer que presentaba. Se quedó perplejo. La conclusión era asombrosa: a cada carcinoma le correspondía un conflicto específico. Las mujeres que sufrían cáncer de cuello de útero habían sufrido un episodio casi idéntico entre sí, pero distinto a las que padecían cáncer de mama. Estas, a su vez, habían pasado por una vivencia muy parecida y su conflicto era diferente al resto de los cánceres.

El puzle ya encajaba. La psique era la causa. No funcionaba al azar. El cáncer seguía un patrón inteligente diseñado por la Naturaleza. Y Ryke Geerd Hamer se propuso averiguar cómo funcionaba.

Uno de los rasgos más llamativos de su carácter era la ingenuidad. Denunció sin descanso la persecución y acoso que sufrió por parte de los esbirros del príncipe pero no se le ocurrió que sus propios colegas acabarían persiguiéndole, tendiéndole trampas, zancadillas y encerronas.

Al principio, según cuenta Hamer, sus compañeros lo miraban con condescendencia. «Cuando aterricé en la clínica pensaron que estaba buscando un lugar para morir».

Pero a medida que iba investigando, la compasión se convirtió en desconfianza. Era agosto de 1981 y el doctor Hamer se dedicó a comentar sus suposiciones y hallazgos por toda la clínica. Había empezado a investigar los carcinomas durmientes. «Si conseguimos averiguar por qué duermen –les dijo a sus colegas– daremos con el secreto del cáncer». Empezó a despertar suspicacias. Algunos lo miraban con recelo, otros como si fuera un bicho raro. En los corrillos se murmuraba que se entrometía en todos los departamentos, que husmeaba en terreno de otros médicos, que estaba obsesionado con comparar informes, que interrogaba demasiado a los pacientes, que les hacía preguntas íntimas e inútiles, desconcertantes, raras. Demasiada obsesión. ¿No se estaría volviendo paranoico? Él no tenía en cuenta los rumores. Era un hombre inocente, un científico tenaz, disciplinado y metódico, herido de muerte pero entusiasmado por un descubrimiento revolucionario. «Era muy alemán de Alemania –me dice uno de sus discípulos que lo conoció de cerca–. Por eso descubrió lo que descubrió, algo impresionante». Se necesitaba una tenacidad extrahumana para pasarse horas y horas en su despacho de Oberaudorf comparando testimonios, informes y cánceres, sin importarle el día o la noche, el frío o el calor, el sueño o el hambre. Cada vez que creía dar con un hallazgo, se lo contaba a algún colega.

En septiembre, durante tres noches seguidas, soñó con su hijo Dirk. Al despertarse supo que estaba en lo cierto, que había hallado el secreto de la génesis del cáncer y que se sentía preparado para anunciárselo al mundo. Contactó con una televisión bávara y otra italiana. Logró que le dedicaran dos reportajes.

Parecía que el asunto empezaba a trascender. Una mañana, el director de la clínica se presentó en su despacho.

—Señor Hamer, creemos que se ha inventado ese sistema para acusar al príncipe también de su cáncer.

Unos días después se le prohibió la entrada al comedor del personal de la clínica. Había tenido una trifulca con la jefa de los médicos residentes en el pasillo, delante de los pacientes.

—Déjese de tonterías, doctor Hamer –le había dicho la doctora–. Y admítalo de una vez: se está equivocando. Todo lo que piensa y dice sobre el cáncer está mal, es un error, un disparate. Y deje en paz a los pacientes. No hace más que molestarlos.

Lo despidieron. Pero el doctor Hamer ya había descubierto la ley de hierro del cáncer. Era sólo el principio de una revolución que, de llevarse a cabo, acabaría dinamitando todo el sistema sanitario. Era una visión nueva, un enfoque diferente, como cuando te cambias de gafas porque ya no ves nada con las viejas. Era otro paradigma.

Acababa de nacer, según las palabras del doctor Hamer, «una nueva era de la medicina».

❑❒❑

¿Qué descubrió el doctor Hamer durante los meses que interrogó sin parar a sus pacientes? Que todo cáncer comienza con un *shock* brutal, un puñetazo fuerte, rápido y directo que derriba a la persona, la tumba anímicamente a la velocidad de un cortocircuito, abocándola, desde ese instante, a un conflicto dramático. No es un golpe cualquiera –si lo fuera, todos tendríamos cáncer con frecuencia–, sino que debe reunir tres condiciones:

- Es agudo y extremadamente dramático.
- Sorprende a la persona desprevenida, con la guardia baja. Es algo que no espera.
- Lo vive en soledad, en aislamiento. La persona no encuentra apoyo ni comprensión y no habla de ello.

A este golpe a contrapié, lo bautizó, en honor a su hijo muerto, DHS (*Dirk Hamer syndrom* en alemán), síndrome de Dirk Hamer.

El DHS desencadena al momento un conflicto biológico. ¿Por qué biológico y no psicológico? Porque sucede a la vez en tres niveles: psique, cerebro y órgano, conectados entre sí en sincronía perfecta. Los tres funcionan simultáneamente y con mayor precisión que un reloj atómico. Al recibir el golpe y no encajarlo, la psique –el programador– activa el cerebro –la computadora–, y éste descarga un programa –el cáncer– en un órgano del cuerpo –la máquina–. Cada órgano, a su vez, contiene su propio cerebro conectado al cerebro central –el del cráneo–, que es el que obedece las órdenes de la psique. Todo está conectado. Es un sistema en red.

Pero el gran cerebro no ejecuta el programa al azar, ni mucho menos. Apunta al órgano correspondiente y dispara con puntería certera. Para cada conflicto que percibe la psique, se activa un programa específico en un órgano concreto. El órgano afectado y el tipo de cáncer están determinados por el contenido del conflicto biológico que desata el DHS (Síndrome de Dirk Hamer), que es ese golpe fulminante e inesperado que noquea a la persona.

¿Qué es un conflicto biológico? Lo voy a explicar con un ejemplo. Cuatro trabajadores de una empresa –Pepito, Juanito, Antoñito y Berto– reciben, una mañana, la noticia imprevista de que están despedidos por cierre inminente. Acaban de quedarse sin trabajo. Ninguno lo esperaba.

A Pepito no le gustaba ese empleo. Es muy joven y vive con sus padres. «Ya encontraré otro mejor», piensa. Ni drama ni conflicto. No sufre ningún DHS.

Sin embargo, Juanito ya ha cumplido los cuarenta. No le va a resultar fácil encontrar otro trabajo. El golpe es agudo y dramático. «Me he quedado en la calle», piensa. «Me voy a morir de hambre». Sufre un conflicto biológico de miedo a la inanición. Su hígado aumenta su función. Tiene que trabajar más para que Juanito no fenezca de hambre. Comienzan a proliferar las células hepáticas y forman un tumor. El programa se ha activado para ayudarle a aprovechar mejor los nutrientes. Si Juanito encuentra un trabajo pronto, el cáncer desaparecerá y el hígado volverá a funcionar como antes. Ya no se morirá de hambre. Fin del conflicto biológico.

Antoñito lleva más de tres décadas trabajando en la empresa. Su vida es su trabajo. En los buenos tiempos, se sentía orgulloso de pertenecer a la plantilla; en los últimos años, sufría por el declive de la compañía. El golpe es brutal. Lo noquea. Lo tumba. Le deja fuera de sitio. Siente que lo ha dado todo y que a cambio sólo ha recibido la comunicación de su despido sin la antelación que merece. Sufre un conflicto de contenido de desvalorización. «No soy más que un pobre hombre, un pringado, un perdedor –piensa–. Mira cómo me tratan». Su columna vertebral comenzará a descalcificarse. Al principio, parecerá osteólisis. Si el conflicto persiste, le acabarán diagnosticando un cáncer de huesos. Pero si Antoñito consigue resolver el conflicto, sus vértebras se restablecerán. Asunto resuelto.

Berto es jefe. Adora esa empresa en la que se siente importante. Se identifica con ella tanto como Antoñito. Al escuchar la noticia, recibe dos impactos, dos DHS: sin su trabajo, no es nadie y, además, se morirá de hambre. Conflicto de desvalorización y conflicto de inanición. Sus huesos y su hígado ya se han puesto en marcha. Puede que resuelva uno o los dos conflictos. Puede que no resuelva ninguno. Se curará si encuentra otro trabajo que le llene y que le haga sentirse, de nuevo, alguien valioso.

Existen tantos traumas y conflictos como seres humanos. El sistema siempre sigue su patrón, pero cada persona vive su DHS y su conflicto a su manera, única.

Esta es la ley de hierro del cáncer con su primera ley biológica de la Naturaleza: Es el DHS (Síndrome de Dirk Hamer) lo que provoca el cáncer, un conflicto biológico activado, a la vez, en la psique, el cerebro y el órgano en sincronía perfecta. No es psicología sino biología. El cuerpo también piensa mientras ejecuta el programa.

«El esquema –programador = psique; computador = cerebro; máquina = órgano (cuerpo)– es tan correcto y tan reproducible siempre en cada caso de enfermedad tumoral que enfurece a mis adversarios», dijo el doctor Hamer por aquella época. «La Nueva Medicina constata que en nuestro organismo todo sucede como en un ordenador moderno, sólo que de forma más grandiosa, ya que la Naturaleza opera de la misma forma en todas las demás especies, animales y plantas».

—¿Está usted seguro, completamente seguro, doctor Hamer –le preguntó un periodista de una televisión alemana– de que ve una relación entre la muerte de su hijo y su cáncer de testículo?

—No sólo veo una relación sino que lo he comprobado con precisión en cientos de casos. Hay siempre una relación exacta. Y todos mis colegas están alborotados porque llamo a esto una ley. Pero en cada uno de los casos, cuando los hallazgos histológicos son exactos, esta relación puede comprobarse de una forma empírica.

En esa entrevista, Hamer es un cuarentón guapo, con entradas, traje impecable, camisa planchada y corbata nueva. Está serio. Se expresa con firmeza, seguro de lo que dice pero con timidez. Cuando no mira a los ojos del entrevistador proyecta la mirada hacia abajo. Parece un hombre humilde, honrado y decente. Y es muy atractivo. Inspira confianza.

❑❑❑

A la vez que descubría la primera ley biológica, el doctor Hamer se dio cuenta de que la enfermedad siempre seguía un proceso en dos fases. Y estableció la segunda ley biológica de la Nueva Medicina, la del carácter bifásico de las enfermedades.

Nuestro sistema nervioso autónomo regula nuestras funciones y actos involuntarios. Se compone de dos sistemas que actúan como oponentes, turnándose en armonía para que el cuerpo funcione: el simpático –actúa mientras estamos despiertos– y el parasimpático, o vagus, que opera mientras dormimos. Los dos marcan nuestros biorritmos. Si empiezan a funcionar a destiempo, interrumpiéndose el uno al otro, sin respetarse en los turnos, tenemos un problema.

Cuando el paciente sufre un conflicto biológico, entra en estrés. Duerme con dificultad. Se despierta, le cuesta conciliar el sueño. Tiene las manos frías. Está en tensión. No come. Adelgaza. Hamer llamó a esta fase simpaticotónica o de simpaticotonía. Es la del conflicto activo. Su psique, cerebro y órgano afectados por el conflicto funcionan a toda marcha tratando de resolverlo. Pura biología.

Si el paciente, por fin, resuelve el conflicto, su psique se relaja. Empieza a dormir por las noches. Está tranquilo. Ya no se despierta. Y tiene hambre. Engorda. Su cerebro ha dado la orden de disolver el cáncer. El órgano comienza a reparar el tejido cancerígeno. Ya no tiene estrés, pero se siente enfermo. Para poder restablecerse, el cuerpo presenta dolor y cansancio, síntomas que indican que, para curarse, tiene que guardar reposo. Es la fase de reparación del cáncer. A esta fase el doctor Hamer la denominó vagotónica o de vagotonía.

«Todo nuestro organismo –escribió Hamer– funciona guiado por sus dos inervaciones simpática y parasimpática, con el ritmo día y noche de tensión y relajación, fase de estrés y fase de reparación, con fase de conflicto activo y de solución del conflicto, con surgimiento del cáncer y curación del cáncer».

A menudo, es en esta fase cuando el paciente va al médico, justo en el momento en que su psique, cerebro y órgano comienzan a recuperarse. Y es aquí, según el doctor Hamer, cuando el diagnóstico suele ser erróneo. «Tumor maligno», dice. «Hay que operar de inmediato». No sabe que en esta fase, el paciente se está curando, aunque parezca enfermo. Al entrar en vagotonía por haber resuelto el conflicto, el cuerpo elimina el tumor o lo encapsula. Solamente hay que operar cuando su tamaño amenace el funcionamiento de otros órganos. La extirpación no debe ser inmediata, sino cuando el tumor, de forma natural, se encapsule. Así resultará menos traumática.

«Quien crea que estoy en contra de las intervenciones quirúrgicas no me ha entendido –escribió–. Yo mismo he diseñado un escalpelo que corta veinte veces más que los normales. Estoy a favor de aplicar de un modo sensato todo lo que pueda ser de ayuda para el paciente».

A mitad de la segunda fase, se produce una crisis. Da la sensación de que el paciente empeora pero en realidad se trata de un reajuste del cuerpo. Puede ser inofensiva o muy peligrosa. En ocasiones, causa la muerte.

❑❒❑

Fascinado por el cerebro, el software del cuerpo, el doctor Hamer siguió investigando sin desfallecer, sin dudar, sin tregua. «Venga, venga, Geerd, no lo dejes». El operario –la psique– comunicaba el conflicto al órgano mediante las computaciones de ese gran programador central, un prodigio.

Durante el verano de 1983, levantó la carta topográfica del cerebro. Fue como descodificar programas, como desencriptar archivos relacionando informes clínicos, escáneres y testimonios de pacientes. Sentía que se adentraba en un territorio oculto pero tan viejo como la especie. Un trabajo que le llenó de asombro: estaba descifrando un jeroglífico biológico, el código de la enfermedad, un lenguaje arbitrario de la Naturaleza. Era una maravilla.

El mapa del cerebro. A cada área cerebral le correspondía un órgano del hardware, el cuerpo. En el mapa, cada punto del cerebro está conectado a un órgano. Y cada órgano señala el tipo de conflicto que le corresponde.

¿Que cómo lo hizo? ¿Cómo descubrió cuál es el conflicto que afecta a cada órgano? Gracias a la embriología: empezó por el origen, estudiando la formación de los tejidos en el feto. Es la idea de un genio. Para que se te ocurra, tienes que estar bajo el efecto de una inspiración cósmica.

Todo embrión se desarrolla mediante el crecimiento de tres hojas embrionarias:

- El endodermo, la hoja interna y más antigua. Es la que controla el tronco cerebral. Forma los órganos que soportan las funciones vitales básicas: pulmones, hígado, riñones, páncreas, intestino... los que se encargan de obtener, procesar y desechar las sustancias vitales. El conflicto del paciente estará relacionado con alguna de estas funciones. Por ejemplo, en los conflictos de «bocado» podrá tratarse de un contrato, una herencia, el sueldo o un negocio; para un niño, puede ser un juguete. El órgano dependerá, exactamente, del significado del bocado para la psique del paciente. Si tiene prisa por «morderlo», enfermará de las amígdalas y glándulas salivares. Si quiere expulsarlo y no lo consigue –una casa en venta que nadie compra– el órgano afectado será el intestino grueso. Los conflictos por herencias suelen localizarse en el páncreas.

- El mesodermo –la hoja intermedia– está controlada por el cerebelo y la médula cerebral. Aquí tenemos los órganos que protegen al cuerpo –las glándulas sudoríparas– o los que lo sostienen manteniéndolo estable, como los músculos y los huesos. Los conflictos tienen que ver con sentirse desprotegido o con haber sido humillado y ninguneado en algún momento. El paciente se percibe sólo en el mundo, con la autoestima en el sótano. Por ejemplo, no haber sabido defenderse a tiempo –no poner una demanda cuando debía hacerlo– o desperdiciar un «bocado» sabroso –renunciar a un empleo por miedo– puede afectar a la mandíbula. Un conflicto sexual puede localizarse en el coxis. Si el trauma no es muy grande, afectará a los tendones. Pero si la angustia se alarga, acabarán resintiéndose los huesos de las rodillas si el conflicto tiene que ver con el avance en su carrera; los hombros, si se siente incapaz de apoyar a alguien cuando lo necesita; o los huesos de la columna si cree que no vale para nada.

- Y el ectodermo –la hoja más externa–, regulado por la corteza del cerebro. Comprende todo lo que puede percibirse de un humano por fuera, desde la piel hasta los órganos de los sentidos. Y también los nervios, el tubo digestivo, las glándulas mamarias o los vasos coronarios. Aquí los conflictos biológicos serán de comunicación, territorio, vida sexual y todo lo que esté en relación con ver, oír, oler, tocar o degustar. Según el doctor Hamer, el cáncer de piel no es debido al sol ni a factores genéticos, sino a un conflicto biológico.

Y así fue como el doctor Hamer estableció la tercera ley biológica de la Naturaleza, la que dictaba el sistema ontogenético del cáncer. Cada tejido del cuerpo realiza una función con un propósito. Cuando esta necesidad biológica se siente amenazada, el cáncer se pone en marcha.

La de horas que tuvo que pasarse este hombre en éxtasis, este científico excéntrico concentrado en su meditación como un monje para desentrañar los códigos de los tejidos del cuerpo y comprender que cada uno de ellos no sólo había conformado los órganos, sino que seguía un patrón inteligente, en perfecta armonía biológica con la psique. Es el descubrimiento de un hombre que ama la Naturaleza.

El mapa cerebral del doctor Hamer y la tabla de correlaciones entre conflicto, cerebro y órgano resultan muy complejos. El cuerpo humano es un sistema de muchas piezas regidas por la psique. El doctor no dejó nada al azar; hizo un estudio exhaustivo, tejido por tejido, conflicto por conflicto.

Según esta tercera ley, las «metástasis» no existen. Nadie ha visto al microscopio cómo una célula cancerígena procedente del riñón, por ejemplo, fluye por el torrente sanguíneo para instalarse en el pulmón o el hígado y contagiar, así, las células de esos órganos que estaban sanas.

Imaginemos que el señor Palomino, tras constantes molestias en la zona lumbar, decide ir al médico. El diagnóstico es funesto: tiene un tumor maligno en el riñón. Un cáncer primario. El pobre hombre sufre allí mismo un DHS, en la consulta, sentado frente a la mesa del doctor. Mal asunto. El señor Palomino sale a la calle con la boca seca. Se le ha disparado el pulso y ve borroso. Un nuevo conflicto biológico ya está funcionando: miedo a la muerte. «Estoy condenado», piensa. En los días siguientes, su pánico a morir hace que sus alvéolos pulmonares se ensanchen. Tiene que respirar mejor, consumir más oxígeno para, supuestamente, escapar de la amenaza mortal. Las células alveolares comenzarán a proliferar formando un nuevo tumor, un cáncer secundario. No ha habido «metástasis», sino un segundo DHS con otro conflicto biológico.

«Se acepta universalmente –escribió el doctor Hamer– que en cientos de pacientes –el 98 %– a los que se les realiza una radiografía el día del diagnóstico del cáncer no aparece en la imagen ninguna "metástasis pulmonar". A partir de tres-cuatro semanas más tarde, en el 30-40 % de los casos, encontramos, en esos mismos pacientes, adenocarcinomas pulmonares, según la medicina clásica». Y apostilló: «en los animales no se observan estas "metástasis pulmonares"». El perro, el gato, el caballo o la vaca no entienden el diagnóstico del veterinario. No se asustan ni sufren ningún conflicto biológico después de detectárseles un cáncer primario.

Pero puede que el señor Palomino, además del miedo a morir, se preocupe por su familia. «Y ahora, ¿qué va a ser de ellos? ¿Quién los va a mantener?» –se dice–. «Pobrecillos. Qué hambre van a pasar cuando me muera». Conflicto biológico de inanición. Además del pulmón, su hígado también se ensancha. El señor Palomino no quiere asustar a su familia. Y vive sus tres conflictos –el que originó el primer tumor más los dos siguientes– casi sin hacer ruido. Está condenado a que las «metástasis» acaben con su vida. Le operarán. Y aquí su miedo a la muerte se disparará más que en la primera consulta. Le aplicarán quimioterapia o radio, dos venenos que, según el doctor Hamer, en lugar de sanarlo, debilitarán sus tejidos. En el momento en que le prescriban morfina para paliar los dolores y empiece a consumirla, el señor Palomino está perdido. Su ordenador central, el cerebro, se desactiva. Ya no puede ordenar nada por el efecto del sedante. No funciona. Nunca dará la orden de restablecerse a los órganos afectados.

Si cuando comenzó a sentir las primeras molestias lumbares, el señor Palomino hubiera oído hablar de la Nueva Medicina, tal vez los acontecimientos sucesivos de su vida habrían sido diferentes.

❑❒❑

Un hombre que se pasa horas y horas escrutando TAC, a la luz del día o a la de una lámpara, con la espalda doblada sobre la mesa o de pie, con la cabeza hacia atrás y el TAC sobre los ojos, acaba percibiendo secretos que han pasado desapercibidos para el resto. El cerebro era su asignatura. Qué misterio, esa masa orgánica, con la misma forma de una coliflor o la carne de las nueces. Le fascinaba investigar cómo funcionaba.

El doctor Hamer se dio cuenta de que en las imágenes, a veces, aparecían manchas, lo que sus colegas llamaban «tumores cerebrales». Pero lo sorprendente era que, con demasiada frecuencia, también se reflejaban diminutos círculos concéntricos, como los de una diana, con un punto milimétrico, igual que un disparo, en el centro. Había que fijarse mucho para poder apreciarlos, pero allí estaban, minúsculos. ¿Qué sucedía en el cerebro para que aparecieran esos anillos concéntricos en los TAC de los pacientes?

Consultó con los radiólogos. «Señor Hamer –le dijeron–, aquí no vemos nada». Pero él sí los veía. Estaban allí, lo juraba. No disponía de un escáner, por lo que tenía que conformarse con los TAC que intentaba conseguir de todas las maneras que tenía a su alcance. Y seguía detectándolos. Volvió a consultar con radiólogos. Esta vez tuvo más suerte: sus colegas los vieron. «Pero doctor Hamer –dijeron–, ¿no ve que son artefactos?».

Un «artefacto» es un error de la máquina, un producto artificial del aparato. «¿Cómo que artefactos?», se preguntó el doctor Hamer ante las carcajadas de los médicos. No podían ser meros errores. Aparecían cuando el conflicto biológico estaba en su primera fase y se correspondían, en el punto del cerebro al que apuntaban, con el órgano dañado. Así que siguió investigándolos, convencido de que contenían algún secreto cerebral del cáncer. Los comparaba con los informes, una y otra vez, venga, venga, «como cualquier buen artesano con un 99 % de sudoración y un 1 % de inspiración», escribió. Los circulitos y el órgano eran coincidentes. Los TAC revelaban algo. Ese pequeño disparo con sus ondas en diana contenía una información precisa. Hamer se propuso descifrarla.

Entonces se le ocurrió que lo primero que había de hacer era asegurarse de que no se trataba de artefactos. ¿Cómo? La idea era simple y brillante. El doctor Hamer se presentó en la fábrica de escáneres de Siemens, en Erlangen. Habló con el ingeniero jefe del departamento de tomografías computarizadas, el señor Feindor. Le explicó lo que ocurría y le pidió que le ayudara. El ingeniero estuvo de acuerdo. «Fue una conversación muy agradable», recuerda el médico.

De joven, Hamer había estudiado física, así que pudo entenderse muy bien con el ingeniero. Hicieron todas las comprobaciones.

Resultado: en la gran mayoría de los casos, los círculos que aparecían en los TAC no eran artefactos, sino signos evidentes de la actividad del cerebro. El doctor Hamer estaba en lo cierto. Llamó a esta especie de disparos «focos de Hamer» (FH) y concluyó que se formaban en el mismo instante del DHS. Mostraban el impacto del síndrome en el cerebro. Se mantenían en diana durante la fase de simpaticotonía. Si el paciente lograba resolver el conflicto y el cáncer se curaba, el foco de Hamer (FH) se llenaba de líquido y glía, formando un edema. Una vez resuelto el conflicto, el cuerpo lo expulsa.

Según el doctor Hamer, los tumores cerebrales no existen. Son sólo edemas que se forman a partir del FH (foco de Hamer) en la segunda fase, la de resolución.

El informe de Siemens data de diciembre de 1989. El doctor le pidió, por favor, al señor Feindor que le permitiera demostrar a sus colegas los resultados del estudio. Preparó una conferencia durante varias semanas, con las máquinas de Siemens y varios pacientes a los que iba a colocar en diferentes posturas. Quería que sus colegas comprobaran que esos círculos concéntricos no eran artefactos. Eran reales. Estaba muy ilusionado. Convocó a numerosos neurorradiólogos. No se presentó ninguno.

Pero el doctor Hamer había dado un gran paso en su descubrimiento. El TAC permitía diagnosticar el tipo de cáncer y su fase exacta. Sin ni siquiera explorar al paciente, sólo con ver su cerebro, podía saberse el tipo de conflicto que atenazaba al enfermo, cuándo había comenzado y si se estaba, o no, resolviendo.

No es fácil detectar los focos de Hamer en una tomografía axial computarizada sin contraste. Se necesita un ojo muy entrenado, con muchas horas de mirada atenta. Son milimétricos. Un médico que asistió a sus cursos me cuenta que sus alumnos podían pasarse una mañana entera tratando de localizar los FH sin éxito. «Nada, no veíamos nada». Entonces llegaba el doctor, ponía el TAC en la ventana, se pasaba un rato observándolo y decía: «Miren, aquí, ¿no lo ven? Y aquí, en el lado opuesto, hay otro». «Y en efecto me dice su alumno–. Allí estaban. Nosotros habíamos sido incapaces de verlos. Te aseguro que no eran imaginaciones suyas». Este médico no quiere revelar su nombre. La práctica de la Nueva Medicina del doctor Hamer está prohibida en España.

La perfecta sincronía entre los tres niveles –psique, cerebro y órgano– permite diagnosticar el cuadro completo examinando sólo uno de los tres. El TAC –cerebro– revela el estado del órgano enfermo y el tipo de conflicto que se sufre. Si se empieza la consulta explorando un órgano, se puede deducir qué aparecerá en el TAC y qué sentimientos angustian al paciente. Los resultados, según Hamer, son coincidentes. Como si el cuerpo fuera un instrumento alentado por la psique, tan preciso en su funcionamiento, tan sofisticado en sus ajustes que al fallar se resiente entero: psique, cerebro y órganos. No es un conjunto de piezas engranadas como en una máquina que hay que curar por trozos, sino un delicado mecano que siente y piensa. Sus pensamientos y emociones dejan rastro. Se imprimen en sus tejidos y en sus células. La psique manda. Tanto, que dispara en el cerebro y lo pone a funcionar para resolver el conflicto. El órgano obedece. Y así es como empieza el cáncer, según el doctor Hamer.

❑❒❑

Y siguió explorando el cerebro, esa computadora a merced de la mente.

A veces, su lectura de los TAC fallaba: los mismos conflictos en distintos pacientes, pero los focos de Hamer aparecían en lugares diferentes. ¿Dónde estaba el error? Hasta que adivinó la causa. Y entonces todo empezó a cuadrarle con precisión –según él– matemática. «Durante mucho tiempo –escribió– me rompí la cabeza antes de comprender que en el cerebro existía una diferencia entre ser diestro y zurdo». Así que era eso. «El zurdo transfiere el conflicto al lado opuesto del cerebro con respecto al diestro. Desde ese momento, todo se desarrolla análogamente a lo que sucede para el diestro, pero en el lado contrario».

Antes de examinar un TAC, el doctor Hamer comprobaba si el paciente era zurdo. Le decía: «Dé usted una palmada, aplauda como cuando va al teatro». La mano que dominaba y quedaba encima de la otra, era la que definía si el paciente era diestro o zurdo. «El test del aplauso», lo llamaba. Era necesario para averiguar en qué lado del cuerpo operaba el conflicto.

Su teoría sobre los zurdos resulta curiosa. «Biológicamente –decía–, tiene que tener algún sentido el hecho de que cerca de un 40 % de las personas sean zurdas o reaccionen "en el polo opuesto" también en sus conflictos». Tras pensarlo mucho, llegó a la conclusión de que «los zurdos representan las personas de reserva en caso de catástrofe». Él mismo decía que, a simple vista, esta teoría podría parecer mera especulación pero «en la Naturaleza –afirmaba– no sucede nada que no tenga un sentido».

Entre los animales también hay zurdos, como si la Naturaleza jugara a establecer un equilibrio de contrarios no por capricho, sino con una finalidad cuyo sentido los humanos aún no comprendemos.

Siguió investigando. Y llegó a otra conclusión que exasperó todavía más a la medicina clásica. Dio con lo que llamó la cuarta ley biológica de la Naturaleza, que define y explica el sistema ontogenético de los microbios. Es su ley más revolucionaria, la más provocativa, la más polémica. Según el doctor Hamer, los microbios no causan las enfermedades infecciosas, sino que son un ejército aliado que interviene, se pone en marcha y ataca para reparar los tejidos del cuerpo. Esos microorganismos que nos asaltan provocándonos fiebre, en realidad, nos están curando. No son nuestros enemigos. Obedecen órdenes del cerebro.

Después de milenios de pestes, epidemias, muertes en masa, contagios en cascada que sitiaban las ciudades y fulminaban a poblaciones enteras, ahora este loco decía que los microbios, las bacterias, los hongos no provocan la enfermedad, sino que la reparan.

El doctor Hamer lo explicaba con una tranquilidad pasmosa. «Los microbios –escribió– no trabajan contra nosotros, sino para nosotros, como fieles colaboradores desde hace millones de años, en el curso de nuestra historia evolutiva». De las bacterias decía que «desmontan y reconstruyen», y de los virus que son «verdaderos reconstructores» de los tejidos.

Para la Nueva Medicina, las llamadas «enfermedades infecciosas» son sólo síntomas que siempre aparecen en la fase de resolución: el paciente tiene inflamación y fiebre. Su conflicto se ha resuelto y, en ese instante, el cerebro ha dado la orden al órgano de repararse y a estos microorganismos de intervenir y operar limpiando tumores y reconstruyendo. Aunque parezca que el enfermo empeora, en realidad, se está curando.

Mientras se repara, un corte en la piel se inflama. Según Hamer, esto también sucede en el interior del cuerpo. Si pasamos frente a una casa en llamas y vemos a los bomberos, no se nos ocurre pensar que han provocado el incendio. Pues con los microbios, bacterias, hongos y virus pasa lo mismo. En realidad –según Ryke Geerd Hamer– operan sofocando el fuego. Por eso siempre aparecen en las infecciones. Pero no son la causa, sino los salvadores. Funcionan como un sistema de emergencia. El cerebro los ha llamado pidiendo auxilio y ellos han acudido, prestos y serviciales, a extinguir el incendio.

En 1994, descubrió la quinta ley biológica. Es la quintaesencia, la matriz y el alma de la Nueva Medicina. El doctor Hamer se dio cuenta de que el sistema que había descubierto no operaba solamente en el caso del cáncer. Comprendió que toda enfermedad empieza, se desarrolla y puede curarse con el mismo mecanismo: desde una hepatitis o una esquizofrenia hasta una alergia, una diabetes o un resfriado. Todas las dolencias siguen un patrón idéntico desde su origen. Tienen un sentido porque la Naturaleza no está loca. No opera al azar. No es caprichosa. Ama a sus especies. Sabe protegerlas. Es una madre amantísima.

La quinta ley biológica dice que la enfermedad es parte de un Programa Especial de la Naturaleza con pleno Sentido Biológico. Lo llamó SBS (*Sinnvolles Biologisches Sonderprogramm*, en alemán). Enfermamos por culpa de un conflicto biológico. El cuerpo grita, se revuelve, duele porque la psique se queja. Es como si nos dijera: «Eh, un momento. Para». Tal vez nos esté diciendo que ha llegado el momento de poner en orden nuestra vida. O quizá nos esté advirtiendo de algún peligro que no vemos. «No sigas por ese camino. ¿No ves que te enferma?». O tal vez sea sólo una orden para que, por fin, entendamos lo que de verdad nos pasa: «Resuelve el conflicto, anda. De lo contrario, vas a seguir teniendo problemas». Nuestra psique, nuestro cuerpo y la Naturaleza se alían para activar un programa que lleva en evolución millones de años. Son un equipo que actúa con un sentido biológico: resolver un conflicto que nos atenaza. Una gripe, un orzuelo o un herpes, según el doctor Hamer, no son producto de un virus, sino de un DHS. Si el paciente logra encontrar la causa y comprenderla, se acabó el problema.

«Lo extraordinario de la Nueva Medicina –escribió– es que el paciente se convierte en el protagonista absoluto del proceso que sucede en su propio cuerpo. Ya no se «actúa» sobre el paciente, sino que el paciente actúa por sí mismo». Si el enfermo conoce y entiende todo el proceso de su SBS (Programa Especial, Biológico y Sensato de la Naturaleza) activado por el DHS, pierde el miedo. Si identifica las dos fases de su enfermedad y reconoce sus síntomas cuando se presentan, no tiene por qué asustarse. Sabe lo que le sucede. Es el amo de su enfermedad. Se convierte en su propio jefe. Puede controlar su psique y, por tanto, su cuerpo. Si confía en la Naturaleza y escarba en su mente, podrá curarse, puesto que su dolencia es un programa sensato, con un sentido biológico pleno de significado.

Los medicamentos no curan. Lo que cura es la propia comprensión del paciente. Con la ayuda del médico, ha de remontarse al origen del conflicto. Sólo así podrá encontrarle una salida, liberarse y no recaer en el futuro.

«Es fascinante –escribió el doctor Hamer– ver cómo toda la medicina se ordena y explica de una forma tan natural y evidente, ya que todos los sucesos que nos parecían incomprensibles y casuales resulta que son lógicos y comprensibles. Contemplábamos la enfermedad como algo hostil, adverso, malo, casi diabólico. Era un castigo de Dios. Con la Nueva Medicina, la enfermedad nos parece un síntoma temporal de un cambio del organismo que transcurre de forma sincronizada en las tres áreas, mente, cerebro y órganos. Todo sucede siempre al mismo tiempo. Ninguna de las tres áreas puede darse sin las otras».

Cuando descubrió la ley de hierro del cáncer, pensaba que el DHS, ese *shock* biológico que provocaba el conflicto, era un «cortocircuito» en el cerebro, una avería, un fallo del organismo. Estaba equivocado. Con la quinta ley descubrió que la «enfermedad» no es un error del cuerpo ni una degeneración maligna, sino un programa sensato y específico de la Naturaleza. La biología no opera a ciegas. Es sensible, sensata y lógica. «En realidad, descubrir los programas biológicos especiales de la Naturaleza fue una revelación –dijo–.

Sólo la propia vida puede escribir con tanto dramatismo. Sin la muerte de mi hijo y mi cáncer consecuente, es muy probable que la verdadera naturaleza de las enfermedades no se hubiera descubierto en varias décadas. La medicina convencional está cada vez más lejos del secreto».

Eso fue lo que encontró: el escondite de una fórmula maestra. Un modo de proceder de la madre Naturaleza en todas sus especies, desde el principio de los tiempos.

❑ ❒ ❑

Un paciente es un ser humano. Un humano es un ser complejo, un organismo vivo capaz de hacerse preguntas. No se resigna ni acepta su condición sin pensárselo, como un animal o una planta. Se plantea grandes cuestiones. Y trata de resolverlas. Sabe que no va a desentrañar el gran misterio que es él gravitando en un planeta de la Vía Láctea, pero, de todos modos, lo intenta. A este afán desmedido muchos lo llaman grandeza.

Un humano es un ser delicado, vulnerable y expuesto. Cuando enferma se asusta. Se siente indefenso. La muerte, de pronto, se vuelve una amenaza viva. Un paciente es un humano más humano que el resto. Y como tal debe ser tratado.

El médico no debe comportarse como un mecánico que ajusta los órganos o engrasa la sangre y la linfa con sustancias químicas. Un médico debe explorar la psique de su paciente porque contiene todas las pistas y porque un paciente no es solamente un cuerpo sino también una mente.

Un paciente es un asunto muy serio. ¿Hay algo más trascendente para un humano que atisbar su muerte?

En la consulta del doctor Hamer, todo sucedía a la inversa. La sala no consistía en un despacho aséptico con una camilla a un lado y una mesa en el centro. Cuando entraba, el paciente sólo veía dos asientos: un sillón grande y cómodo y una sillita modesta, casi un taburete. El paciente, instintivamente, se sentaba en la silla. Entonces el doctor decía:

—Ése es mi sitio. Usted siéntese en el otro.

Primer toque. El espacio que ocupamos marca nuestra jerarquía en un territorio. Aquel médico no era el jefe. No se pertrechaba detrás de ninguna mesa, sino que ocupaba un lugar modesto. El espacio era redondo. El paciente ocupaba el centro.

—Aplauda –decía el doctor.

El paciente obedecía. Y el médico detectaba si era diestro o zurdo. A continuación, el conflicto.

—¿Se puede saber qué le pasa? –preguntaba el médico.

Si disponía del TAC, el doctor ya podía intuir el problema. Pero bastaba con un informe o la descripción de los síntomas, para que Hamer empezara a comprender por qué sufría el paciente. Había que explorar su psique, encontrar la causa camuflada entre todo el ruido, entre tanta interferencia diaria. Los dos, el paciente y el médico, tenían que desentrañar el conflicto, poco a poco, muy despacio, como si fuera una madeja. Era una labor «detectivesca», según sus palabras.

—A ver, vamos por partes. Por favor, recuerde, sin miedo, no se asuste, no tiene que asustarse.

«El doctor Hamer llegaba a rascar el alma de las personas –me cuenta el doctor Vicente Herrera, quien presenció, como alumno y más de una vez, la escena–. Una consulta con él no tenía absolutamente nada que ver con una consulta convencional. Nada en absoluto. A mí me dejó impresionado y, al mismo tiempo, con la sensación de que yo nunca podría llegar a su altura, ni siquiera a diez centímetros escasos de los casi dos metros que medía. Se centraba totalmente en la persona y no en los protocolos, como hace la medicina clásica».

Al doctor Herrera le llamó mucho la atención que sentara al paciente en el sillón principal. «Consideraba que el enfermo era el protagonista, el jefe de su proceso. Y lo dejaba muy claro desde el primer momento». Tras la palmada, para comprobar la lateralidad cerebral, hacía algunas preguntas básicas. «¿Qué le duele? ¿Qué le pasa?». Una vez esclarecido el motivo de la visita, comenzaban las grandes preguntas. «Él era sabedor de las correlaciones entre la psique y el órgano –recuerda el doctor Herrera– y podía ir directo al grano. Los pacientes recibían una serie de preguntas que jamás en su vida habían escuchado de un médico». «¿Verdad que hace, más o menos, tal tiempo, tuvo un problema así y asá, de estas características aproximadas y todavía le está doliendo?», decía el doctor. Se quedaban perplejos. ¿Cómo podía saber ese hombre, al que acababan de conocer, todo eso? Muchos se rompían llorando. El doctor estaba metiendo el bisturí en la llaga. Había sido capaz de verla. Supuraba. Estaba abierta. Y ahora le pedía al paciente que mirara su herida sin miedo. Escocía. Su conflicto les hacía tanto daño que la mayoría no se atrevía ni siquiera a contarlo. «El doctor Hamer era un ejecutivo del alma», me dice el doctor Herrera.

El paciente contestaba a las preguntas del médico. Entonces se sorprendía confesando lo que, hasta entonces, le parecía inconfesable. «La mayoría –cuenta el doctor Herrera– nunca, jamás en su vida, se lo había contado a nadie. Y era eso, precisamente, lo que el paciente tenía ahí, tan reservado en su conciencia, lo que provocaba que el conflicto tuviera tanta fuerza».

Salían de la consulta nuevos. En muchos casos, el conflicto había empezado a resolverse en el preciso instante del llanto. Sin embargo, el doctor Hamer se desgañitó diciendo: «No se trata de psicología, sino de biología. El conflicto no es emocional, sino biológico». La psique es una de las tres piezas. Funciona a través del cerebro y el cuerpo. Por eso es fácil comprenderla. Se la puede rastrear gracias a todas las pistas, tan claras, que va dejando en tejidos y órganos.

III. El sueño

Pero ser capaz de imponer su sueño a cuantos le rodean es vivir en un mundo de descubrimientos, es ver en medio de la noche, es tal vez obligar al mundo a entrar en su sueño.

Louis-Ferdinand Céline

En septiembre de 1981, Ryke Geerd Hamer, ciudadano alemán, licenciado en teología, doctor en medicina, padre de familia, médico internista en una clínica de cáncer de Baviera, hombre honesto, buen padre y buen esposo, médico entregado, sin antecedentes penales… un humano, en fin, dispuesto a cumplir sin rechistar con su propósito, tuvo un sueño. Apenas habían pasado dos años y nueve meses desde la muerte de su hijo. Había superado un cáncer y el mal trago de creer que él también iba a morir. Pese a todo –o tal vez por todo eso– siguió trabajando, sin desfallecer, sin tregua, guiado por su intuición, que le decía que su tragedia y su enfermedad no eran una coincidencia. Acababa de descubrir que el cáncer se genera por un episodio dramático que deja fuera de juego al paciente. Lo había comprobado mil veces. Estaba ahí, en los informes y testimonios, delante de sus narices y sus ojos; aparecía sin excepción en todos los casos. Como médico estaba perplejo; como ser humano, asustado. Temblaba. Pero entonces tuvo un sueño.

Y el sueño encendió la luz. Le despertó de esa pesadilla de los últimos tres años.

«Cuando, por primera vez, creí que había encontrado un sistema en la génesis del cáncer, es decir, el síndrome de Dirk Hamer –escribió– me flaquearon las piernas. El hallazgo me parecía demasiado grandioso, tanto que ni yo mismo podía creerlo. Por la noche tuve un sueño. Mi hijo Dirk se me apareció sonriendo con su bondad de siempre y me dijo:

—Lo has encontrado, Geerd, has dado con ello. Es totalmente correcto. Te lo puedo decir porque, ahora, yo sé más que tú. Has hecho un trabajo maravilloso. Será una revolución en la medicina. Pero no lo has descubierto todo. Tienes que seguir investigando. Aún te quedan dos hallazgos importantes».

Al despertarse, el doctor Hamer recordó nítidamente la conversación con su hijo. Cogió una libreta y apuntó los detalles para no olvidarla. «Estaba tranquilo –escribió– y, desde aquel instante, totalmente convencido de que el síndrome de Dirk Hamer era correcto». Tanto es así que bautizó el hallazgo –la impresión en la psique y el cerebro por el golpe inesperado– con el nombre del difunto.

A partir de esa mañana en que recordó al despertarse el sueño con su hijo, Ryke Geerd Hamer, ciudadano ejemplar, doctor en medicina interna, supo que la más atroz de las muertes, la de su hijo, tenía, por fin, un sentido; que él, Ryke Geerd Hamer, el tercer hijo de Heinrich Hamer, pastor protestante, y de Margot Fumetti, ama de casa, iba a descubrirlo todo sobre el cáncer, costara lo que costara, sin importarle el precio en tiempo y energía; que ya no podía morir, que había encontrado el camino y que tenía que recorrerlo hasta el fin sin miedo, seguro de sí y sereno porque a partir de ese sueño que despuntó a la mañana siguiente en su memoria, Dirk, su hijo muerto, era su guía y su maestro. «Me sentía como una roca», escribió.

También supo, instintivamente, que tenía que darse prisa. «Sabía que me despedirían de la clínica; mis resultados eran contrarios a los de la medicina oficial», dice en su *Testamento de una Nueva Medicina*. Así que, aprovechando los medios que todavía tenía a su alcance, siguió investigando, sin parar, venga, venga. El tiempo jugaba en contra. «Aún te quedan dos hallazgos importantes», la frase le resonaba en la mente y las entrañas. Era como la luz que alumbraba sus zapatos. El camino aún estaba oscuro, pero él ya sabía que era ése.

Llevaba estudiados ciento setenta casos. Había verificado cada uno decenas de veces. Buscó más; no se conformó con los resultados –programados, sistemáticos– que había obtenido hasta entonces. Se dio cuenta de que el cáncer de cuello uterino tardaba en manifestarse unos doce meses y respondía a un conflicto sexual, mientras que el de mama se le aparecía a la paciente a los dos, tres meses de empezar a sufrir un conflicto puramente emocional, sin la intervención del sexo. Comparando informes, cotejando testimonios, este hallazgo le pareció razonable, «demasiado razonable para creerlo. No sólo contradecía, sino que sobrepasaba la medicina clásica». La dejaba pedaleando y él ya volaba en cohete. Volvió a repasarlo todo. Los resultados eran correctos, sin excepción. Si era cierto –y todo apuntaba a que sí–, la conclusión que arrojaba su estudio resultaba asombrosa: era la psique, la propia psique del paciente, quien decidía y determinaba dónde se formaba el cáncer. Fascinante. Ahí tuvo que respirar muy hondo, tumbarse y frotarse los ojos, como cuando ves borroso o no te puedes creer la maravilla que tienes delante. ¿La psique? ¿Sería posible? «Me temblaban las rodillas –dijo–. Aquello era demasiado. Me sobrepasaba».

Esa noche volvió a soñar con Dirk. El segundo sueño.

—Tengo que felicitarte, Geerd –le dijo su hijo–. Buen trabajo. Y qué rápido lo has descubierto.

El doctor Hamer cuenta que aquí Dirk hizo una pausa. Luego le sonrió como siempre para decirle:

—Ya sólo te falta una cosa, una sola. En cuanto la tengas, lo habrás descubierto todo. No te rindas ahora. Sigue. Vas a conseguirlo.

Al despertarse con las palabras del hijo resonando en su conciencia, entendió con todas sus células que no se había equivocado: sus resultados eran exactos. «Sabía que me iban a echar, que en cuestión de días, tal vez horas, no me dejarían seguir examinando a los pacientes», cuenta. Había ido comentando sus hallazgos por los pasillos, en el comedor, por los despachos. Hacía tiempo que sus colegas le miraban raro. Le quedaba una semana de trabajo en la clínica. Ya habían acordado su despido. Volvió a repasar cada caso, cada archivo, hacia delante y hacia atrás. «Venga, vamos, Geerd, qué es lo que te falta». Por el día, por la noche, sin comer apenas. Entonces reparó en los carcinomas «dormidos». Y, de pronto, comprendió, lo vio, se dio cuenta: «en los casos de pacientes que habían sobrevivido, el conflicto se había resuelto siempre. Por el contrario, en los pacientes fallecidos, el conflicto no se había resuelto. Y en los pacientes que empeoraban, el conflicto seguía allí, todavía sin resolverse». Así que era eso: el conflicto. «Me quedé noqueado –escribió–. El asunto era excesivo. Y me venía grande». Le flaquearon otra vez las piernas, mucho más que antes. Estaba sobreexcitado, emocionado y perplejo. Tenía que hablar con Dirk, su maestro. Y Dirk se le apareció esa noche. Tercer sueño.

—Creía que no lo encontrarías tan deprisa –le dijo–. Sí, lo que has descubierto es correcto. Lo tienes todo, no te falta nada. Es así como funciona. Y ahora que lo conoces ya puedes publicarlo, bajo mi responsabilidad. No te arrepentirás, te lo prometo: es la verdad.

En el sueño, Dirk le hablaba con admiración y reconocimiento. Al despertarse, el doctor Hamer no tuvo ninguna duda. Había encontrado el secreto de la enfermedad más temida, como quien halla un tesoro de cuya existencia se habla.

En el mapa de su hallazgo aparecían, como cruces marcadas, la muerte de su hijo Dirk, su propio cáncer de testículo, el cáncer de su mujer, la intuición de la conexión oculta entre cáncer y conflicto y, por último, su inconsciente y sus sueños.

Tal fue la impresión de los tres sueños con Dirk en su conciencia que tituló su gran ensayo «El *Testamento* de una Nueva Medicina», como si se tratara de la última voluntad de su hijo. En la presentación, Hamer escribe: «Este libro es el testamento de mi hijo Dirk. Yo lo administro como albacea de su legado –y añadió– Que para vosotros, mis pacientes, el testamento de mi hijo Dirk, contenido en este libro, sea vuestra esperanza».

Parece una historia bíblica, como el sueño de Josué con las vacas –siete años de abundancia y siete años de hambruna–, pero en los sueños de Hamer no aparecen símbolos. Son una serie de conversaciones. Nótese que su hijo le llama *Geerd*, no «papá», como le llamaba en vida. En el sueño, su hijo ya no es su hijo, algo que el inconsciente de Hamer acepta. Cuando despierta y recuerda, le atribuye el papel de maestro. «Ahora, yo sé más que tú», oye que le dice.

Si el doctor Hamer no hubiera soñado con Dirk, su historia y la de la Nueva Medicina Germánica habrían sido diferentes. El inconsciente es la fuerza más poderosa. Sin su ayuda, Hamer no habría seguido adelante. Se habría quedado varado en algún desvío del camino, desconcertado y confuso, o habría terminado extraviándose, al tirar, en alguna encrucijada, por una vía ciega. Se habría rendido.

«Siempre creí en mi hijo Dirk. Ahora que estaba muerto, creía el doble», dijo. El amor incondicional de un padre por su hijo, ésa sí que es una ley de hierro. En esta historia fue determinante. «Las leyes de hierro del cáncer son el legado de Dirk, mi hijo muerto –escribió–. Es él quien merece el reconocimiento. Es posible que otros, antes que yo, hayan llegado a intuir el principio, pero no se han atrevido a dar el siguiente paso. Quién sabe si yo mismo me hubiera atrevido a seguir sin la seguridad que me dio mi hijo gracias a mis sueños». Y añadió: «Su muerte fue la causa del descubrimiento. Y no sólo eso: sin su intervención, nunca habría llegado al conocimiento de las conexiones entre el cáncer. Esto debe saberse».

Las lecturas de un sueño son infinitas. Podemos pensar –sería lo más fácil– que su propio inconsciente vino en su auxilio. Algo tan terrible como que te maten a un hijo, verlo desangrarse, asistir impotente a una agonía tan lenta, provoca un dolor tan hondo y tan fuerte que su inconsciente tuvo que protegerlo. Palió el sufrimiento. Justificó la muerte. Le dio un sentido a su vida, una razón como médico y un destino como hombre. En sus sueños, Dirk no era la víctima de un crimen; era un salvador. Se inmoló como un héroe. Y no estaba muerto: Dirk era inmortal; se le aparecía en sus sueños. Una jugada redonda. El inconsciente cura.

Pero hay humanos que con su inconsciente mantienen una relación estrecha. Son todos esos que atienden sus sueños con tan buen oído que antes de tomar una decisión «consultan con la almohada». Piensan que su sombra es mucho más sabia que su vigilia y creen en su inconsciente como quien cree en el ángel de la guarda. Todos estos humanos se creerán la historia tal como nos la contó el doctor Hamer. Dirk se le apareció, claro que se le apareció y le fue guiando hasta que encontró el secreto del cáncer.

Las dos interpretaciones son válidas. ¿Alguien que demuestre lo contrario?

❏❐❏

Y aquí la medicina, esa docta ciencia, soltó la carcajada más sonora. «Jo, Jo, Jo. Qué loco, ese Hamer. Habrá que encerrarlo, que la gente es muy ingenua». Nadie ha embotellado un sueño ni le ha puesto una etiqueta para colocarlo en el anaquel de un laboratorio. Al revelar este episodio, Hamer demostró una candidez extraordinaria. Conocía el escepticismo de los médicos. Debería haber sabido que el relato de sus sueños jugaría en su contra, que sería un argumento más para desacreditarlo y tratar de encerrarlo en un psiquiátrico. Pero en su tratado sobre la Nueva Medicina aparece al principio. «Hay muchas personas que consideran el pasaje *no científico* –dijo–. No pretendo que lo sea; es sólo la verdad. La medicina oficial dominante no es, en sentido estricto, una ciencia, aunque parezca muy científica. La verdad no es la ciencia».

Alguien con más picardía no le habría contado sus sueños al mundo. Pero él se sentía tan seguro, tan poseedor de la verdad que decía: «lo importante es que los resultados, válidos, lógicos, empíricos y reproducibles en cualquier momento, se verifiquen. Sólo así se podrá saber si son verdaderos o falsos. Y si son correctos, ¿qué importancia tiene cómo y por quién se han descubierto? ¡Compruébenlo! ¿Por qué no lo verifican?».

No pedía nada imposible.

A lo largo de su vida, siguió soñando con su hijo, pero ya había encontrado el secreto de la génesis del cáncer. No volvió a escribir sobre el asunto. Sobre esa piedra –los tres sueños– el doctor Hamer edificó su Nueva Medicina Germánica. Demasiado místico para la medicina clásica. Surrealista. «¿Que el fantasma de su hijo se le ha aparecido en sueños? ¿Que le habla? Ahora resulta que tenemos que colgar la bata y el fonendo y volver al taparrabos. Pobre hombre, delira. Pero, cuidado, es peligroso». Y volvían a sus estadísticas. Al advertir la fuga de algunos pacientes, se enfadaban. «Señores, hay que hacer algo. Este sinvergüenza va de chamán visionario y hay gente capaz de creerse que los muertos no se han muerto y que, además, se aparecen».

Las tres dimensiones humanas –materia, psique y espíritu– enfrentadas.

¿QUÉ SON LOS SUEÑOS?

El día que la humanidad lo descubra y pueda archivarlos dentro de un catálogo y computarlos en sus estadísticas, dejaremos de ser humanos porque la poesía habrá muerto.

En la Grecia clásica, esa civilización tan fina, el dios de la medicina era Asclepio. Después los romanos lo adoptaron. Lo llamaron Esculapio. Sus templos eran hospitales. Albergaban un recinto –el más sagrado– en el que el paciente pasaba una noche entera. Al despertar, por la mañana, debía contarle su sueño al sacerdote. La interpretación revelaba el diagnóstico y el tratamiento. Según los historiadores, en los enfermos psicosomáticos los resultados eran asombrosos.

Sólo había dos prohibiciones en los templos de Esculapio: nacer y morir. Todo lo demás se permitía.

Más tarde, en la civilización de Homero, hubo una especie de fundido a negro que relegó los sueños a cosa de brujas. Pero en 1900, Sigmund Freud, un psiquiatra de Viena, se dio cuenta de que los sueños de sus pacientes contenían el secreto de su angustia y tristeza. Eran importantes, mucho. Fue él quien dijo: «Eh, un momento. Hay que prestar atención a los sueños. Son un asunto muy serio». Contenían y mostraban los dolores del alma o, en todo caso, podían curar la psique. Se rieron de él, naturalmente, pero sólo al principio. Freud se inventó un sistema para sanar a sus pacientes –especialmente de histeria– consistente en escuchar sus sueños para descifrarlos. Lo llamó psicoanálisis.

El aporte de Freud a la medicina fue descubrir la importancia de los sueños.

Entre sus alumnos, había uno más espabilado que los otros. Era un joven con cara de bueno, gafitas redondas y bigote lápiz. Se llamaba Carl Gustav Jung. Había nacido en 1875, en un cantón suizo, la tierra de la nieve y los relojes. Aventajó a su maestro y nos dejó una obra tan profunda y vasta que un humano medio necesitaría más de una vida para poder comprenderla. Era un genio. El gran Jung, ese psiquiatra suizo con tendencias místicas, tenía por mente una linterna capaz de adentrarse en el sótano de la gente –el inconsciente– y alumbrar allá adentro misterios de la psique desconocidos hasta entonces.

Descubrió que la trastienda humana –la psique y sus sueños– produce símbolos espontáneamente. Los sueños son sucesos, «no se inventan», como se pensaba. Son como la realidad de la vigilia: nos ocurren, nos pasan. Algunos son arquetipos, se repiten en todos los seres humanos. Todos los soñamos; desde un lapón hasta un indio, desde un eslavo hasta un chino, desde un malayo hasta un etíope, «tanto si el soñador es culto como analfabeto, inteligente o estúpido», según sus palabras. Los arquetipos «son trozos de la vida misma, imágenes que están íntegramente unidas al individuo vivo por el puente de las emociones», dijo. Gracias a esto, Jung se dio cuenta de que existe una especie de legado maestro, un misterio ancestral heredado por nuestro inconsciente que se perpetúa y se guarda, a través todas las generaciones y al que todos tenemos acceso. Los sueños arquetípicos se heredan. Son un tesoro de la saga humana. Y a veces, se nos aparecen. Podría compararse a un Internet onírico. A esto, el gran Jung lo llamó inconsciente colectivo.

Pero el inconsciente no sólo custodia esa herencia. «No es mero depositario del pasado –escribió el psiquiatra–, sino que también está lleno de gérmenes de futuras situaciones psíquicas e ideas». Y esto lo llevó a percibir todas las cosas, sueños y sucesos de una forma nueva. «Es un hecho que, además de los recuerdos de un pasado consciente muy lejano, también pueden surgir del inconsciente, por sí mismos, pensamientos nuevos e ideas creativas, pensamientos e ideas que jamás fueron conscientes antes –dijo–. Se desarrollan desde las oscuras profundidades de la mente al igual que un loto y forman parte de la mente subliminal». Y aquí estarían los sueños premonitorios y los sueños de advertencia, que según Jung no son «magia». Y –lo más importante en esta historia– los sueños de inspiración que nos muestran, con claridad deslumbrante, lo que necesitamos saber para dar con el quid de una obra, una cuestión o un asunto. No hay manera de encontrarlo en la vigilia. Nuestra mente consciente está ciega. Pero el inconsciente es un poeta. Nos alumbra el camino con símbolos que comprendemos al instante porque forman parte de nuestro ADN psíquico. «Muchos artistas, filósofos y aun científicos –escribe el doctor Jung– deben algunas de sus mejores ideas a las inspiraciones que aparecen súbitamente procedentes del inconsciente».

Gracias a uno de estos sueños, Robert Louis Stevenson pudo escribir *El Doctor Jekyll y Mister Hyde*. Llevaba varios años dándole vueltas a un argumento que le encajara con lo que quería contar: la dualidad humana. Una noche soñó con los dos personajes que eran, en realidad, la misma persona. Al despertarse, Stevenson sabía cómo sería su novela. Y se puso a escribir lo que acabaría convirtiéndose en una obra maestra.

August Kekulé fue uno de los padres de la teoría de la estructura química. En su época –había nacido en 1829– no se sabía casi nada sobre los átomos ni cómo se enlazan formando valencias. Kekulé se enamoró del carbono –bonita forma de decir que un misterio nos obsesiona– y se dedicó a investigarlo sin averiguar nada. Una tarde de 1855, en Londres, se montó en el ómnibus –un carruaje tirado por tres caballos– y mecido por el traqueteo echó una cabezadita. En el sueño vio cómo los átomos del carbono se enlazaban girando y formando cadenas en un baile de vértigo. Le despertó el grito del conductor anunciando la parada. Kekulé supo, en ese instante, que había descubierto cómo se comporta el carbono al formar moléculas.

Diez años después, Kekulé tuvo otra revelación onírica. Esta vez se había enamorado del benceno. «Mis investigaciones no prosperaban», dijo. Pero una mañana se quedó dormido frente a la chimenea. Y vio cómo los átomos del benceno se mezclaban y entrelazaban con los movimientos de una serpiente. «¡Eh!» –se dijo mientras dormía–. ¿Qué es eso? Una de las serpientes se estaba mordiendo la cola y giraba ante mis ojos. Entonces me desperté, como iluminado por un relámpago». Acababa de descubrir en sueños la estructura del benceno: era un anillo cerrado.

Este químico tan inspirado, con nombre de futbolista, contaba con un inconsciente mucho más potente que los aparatos atómicos que tardarían más de un siglo en fabricarse. «Si aprendiéramos a soñar, señores –dijo poco antes de su muerte–, quizá encontraríamos la Verdad». Sabía de lo que hablaba.

Tal vez la Verdad se hospede en ese inconsciente colectivo que atisbamos, a veces, y podemos recordar al despertarnos. «La capacidad de llegar a un rico filón de tal material y convertirlo, en la realidad, en filosofía, literatura, música o descubrimiento científico es una de las garantías que señalan lo que comúnmente se llama "genio"», dijo el doctor Jung.

Si el doctor Hamer no era un loco, sino un genio, los sueños con su hijo Dirk lo certifican.

Al doctor Jung le habría fascinado el doctor Hamer. Sentía debilidad por los rebeldes. Adoraba a Theophrastus Phillippus Aureolus Bombastus von Hohenheim, más conocido por la posteridad como Paracelso, el médico de las estrellas.

Paracelso –siglo XVI– tuvo la osadía, en los tiempos de quema de brujas, de burlarse del sistema médico. Se jugó la vida. Pasó sus mejores años viajando, como maestro ambulante, entre vagabundos, escondiéndose en los pajares y huyendo de la justicia. Quemaba los libros de medicina en las plazas. Decía de los médicos establecidos que parloteaban sin sentido y que no conocían más que la cháchara de su ignorante hocico. «El médico –escribió– recibe la verdad de la luz de la Naturaleza. Él es el medio por el cual la Naturaleza es puesta en obra. Debe conocer sus maravillas. Y las raras coincidencias del microcosmos humano con el mago universo, y en verdad no sólo con el universo visible, sino también con el «arcano» invisible, cósmico, secreto». Tan grande es la Naturaleza que la medicina crece «sin que roguemos, brota desde la tierra aunque nosotros nada pidamos». Para Paracelso, la principal virtud del médico es la misericordia. «Debe ser innata –dice–. Es su maestra. Este ejercicio del arte yace en el corazón. Donde no hay amor no hay arte», escribió.

Sobre los sueños, Paracelso dijo que «existe el espíritu del sueño, que es el cuerpo invisible de la Naturaleza».

A Paracelso también le habría encantado el doctor Hamer. Los dos eran revolucionarios. Amaban a sus pacientes y detestaban a los médicos doctrinarios y burgueses.

El doctor Jung y el doctor Hamer no se conocieron. Cuando Carl murió, Geerd acababa de obtener su licencia para ejercer como médico. Muchos años después, conocidas sus obras con la perspectiva del tiempo, podría dar la sensación de que sus trabajos se tocan. Sus almas se hermanan, se parecen.

Los dos eran hijos de clérigo. Jung no estudió teología, como Hamer, pero creció en una atmósfera presidida por Dios. En sus casas, antes de comer, se bendecía la mesa. Esto ya te marca –tiene que marcarte– desde que naces hasta que mueres.

Los dos creían en el alma. «Es el ser más insondable e inaccesible de cuantos ha estudiado el pensamiento científico», escribió el doctor Jung. El doctor Hamer tituló su primer libro *Cáncer, enfermedad del alma*. Firmó todos sus libros no sólo como doctor en medicina, sino también como teólogo.

Los dos se dedicaron a estudiar la psique. Jung descifraba los sueños; Hamer, los conflictos. Ambos la pusieron en el mapa. La señalaron. La iluminaron con una luz potente, nueva. «Al igual que una planta produce sus flores, las psique crea sus símbolos –dijo Jung–. Nuestra psique –decía– es parte de la Naturaleza y su enigma es infinito. Por tanto, no podemos definir ni la psique ni la Naturaleza». Para Hamer, la psique era una de las tres piezas del engranaje biológico. Psique, cerebro y órgano –programador, ordenador y máquina–. «El sistema es todavía más fascinante –escribió– si pensamos que el ordenador –el cerebro– es quien crea al programador –la psique–, y ésta, a su vez, programa al cerebro. Por eso digo: el ser humano cree que piensa, pero en realidad es pensado».

Para ninguno de los dos la enfermedad era maligna. «Hasta ahora –escribió el doctor Hamer– creíamos que era algo adverso, malévolo, hasta un castigo de Dios». Pero él se empeñó en demostrar lo contrario: la «enfermedad» es un programa con pleno sentido biológico, una respuesta sensata del organismo que se pone en marcha con el fin de resolver un conflicto biológico. No es un enemigo. Y el doctor Jung dijo: «La enfermedad es el esfuerzo que hace la Naturaleza para curar al hombre». Y añadió más adelante: «No estamos aquí para sanar nuestras enfermedades, sino para que nuestras enfermedades nos sanen». Esas frases podría haberlas suscrito el doctor Hamer. Jung estudió la mente; Hamer, la biología. Pero su comprensión de lo humano era semejante.

Los dos adoraban la Naturaleza. Jung se fue a vivir de viejo a una torre que se construyó a orillas del lago de Zúrich, en un bosque. «Nunca debemos olvidar que lo que para nosotros resulta complicado y aun maravilloso, para la Naturaleza no representa ningún milagro, sino algo totalmente corriente», dijo. Hamer escudriñó la biología y levantó, sobre ella, toda su ciencia. Llamó a su descubrimiento las cinco leyes biológicas de la Naturaleza.

Los dos añoraban al humano primitivo, ése que el civilizado lleva tan adentro, escondido en la bodega, maniatado y con mordaza porque le avergüenza. «Hemos desposeído a todas las cosas de su misterio y numen. Ya nada es sagrado –escribió el doctor Jung–. Al crecer el conocimiento científico, nuestro mundo se ha ido deshumanizando. El hombre se siente aislado en el cosmos, porque ya no se siente inmerso en la Naturaleza y ha perdido su emotiva "identidad inconsciente" con los fenómenos naturales. [...] Su contacto con la Naturaleza ha desaparecido y, con él, se fue la profunda fuerza emotiva que proporcionaban esas relaciones simbólicas. Esa enorme pérdida se compensa con los símbolos de nuestros sueños. Nos traen nuestra Naturaleza originaria; sus instintos y pensamientos primitivos». Y Hamer dijo: «Hay que admitir que los más inteligentes han sido los antiguos médicos-sacerdotes de nuestros antepasados, que con sus rituales, fórmulas de conjuro y runas intentaban curar ante todo el alma. Los brujos del bosque, de los que siempre estamos dispuestos a reírnos, eran médicos mucho más inteligentes que nosotros. Ninguno de los médicos de la selva virgen de África trataría a ningún paciente de modo sintomático sin haber curado primero su alma».

❑❒❑

El sueño del doctor Hamer. ¿Qué le habría diagnosticado el doctor Jung? Imaginemos la escena. Una tarde, el médico se presenta, previa petición de cita, en la consulta del suizo. «Señor Hamer», lee Jung en la tarjeta que le ha dejado su secretaria en la mesa. «Hamer», piensa el psiquiatra. «Qué apellido más curioso». Jung ya ha descubierto lo que ha llamado «sincronicidad», esos «acontecimientos simultáneos y análogos, pero acasualmente ligados». Parecen coincidencias pero no lo son. En realidad, son como música, armónicos, con su propia melodía que se repite igual que un estribillo. Tal vez sean una jerga de Dios, como los sueños.

El doctor Jung ya ha escrito que la sincronicidad también se da en los nombres. Conoce a psiquiatras cuyo apellido coincide con su terapia. *Freud*, por ejemplo, significa «alegría» y el doctor Freud basó su investigación en el principio del placer. *Adler* significa «águila» y para el doctor Adler lo principal es la voluntad de poder. Él mismo se apellida *Jung*, que significa «joven». Su terapia está basada en la idea del renacimiento. «¿Se trata de absurdos caprichos del azar, o de un efecto sugestivo del nombre, o de «coincidencias significativas»?, se preguntó al descubrirlo. Esa tarde, frente a su paciente, piensa: «*Hamer* significa "martillo". Veremos si coincide».

Mientras escucha el primer sueño, Jung toma notas. «En efecto –se dice–. Su apellido y su persona están en sincronía. Este hombre es un martillo. Fuerte, contundente, combativo, enérgico». No sabemos si llegaría a pensar que los clavos le caían del cielo. Pero lo cierto es que los clavaba y no iba a consentir jamás que nadie se lo impidiera.

Según lo que Jung nos dejó escrito, anotaría aquella tarde que el sueño contenía una carga emocional fortísima –la muerte de su hijo– y que, por eso, había que prestarle mucha atención. Presentaba «una estructura definida, de evidente propósito, que indica una idea de intención subyacente».

Se repetía tres veces. «El sueño repetido es un fenómeno digno de nota –escribió el psiquiatra–. Suele ser un intento para compensar un defecto particular de la actitud del soñador hacia la vida; o puede datar de un momento traumático que dejó tras de sí cierto perjuicio específico. A veces, también puede presagiar un futuro suceso importante». En el caso del doctor Hamer, tal vez sucedieran las tres cosas.

Se trataba de un sueño de compensación. «La función general de los sueños es restablecer nuestro equilibrio psicológico produciendo material onírico que restablezca, de forma sutil, el total equilibrio psíquico. Eso es lo que llamo el papel complementario (o compensador) de los sueños», decía Jung. El hijo que habla sueños compensa el dolor. Parece que está vivo. Restablece el equilibrio psíquico. Pero, según el psiquiatra, sucede muchas veces que un sueño compensatorio anuncia sucesos mucho antes de que ocurran. «Esto no es un milagro ni una forma de precognición [...] lo que no conseguimos ver conscientemente con frecuencia lo ve nuestro subconsciente, que nos transmite la información por medio de los sueños». Al doctor Hamer sus sueños le indicaban que iba por el buen camino. Y le anunciaban una revolución en la medicina.

La aparición de los tres sueños sigue un orden perfecto. Se suceden a medida que la realidad transcurre. «Los sueños de compensación a veces forman series, se ordenan siguiendo un plan –escribió Jung–. Parecen vincularse entre sí y, en el sentido más profundo, subordinarse a un fin común, de modo que una larga serie onírica ya no parece un alineamiento sin sentido de acontecimientos incoherentes y únicos, sino un proceso evolutivo y organizado que transcurre por planos organizados». Los tres sueños parecen seguir un patrón establecido. Son coherentes, ordenados y lógicos.

Jung distinguió entre sueños pequeños –se olvidan fácilmente– y grandes sueños. Lo que el doctor Hamer le está relatando es un sueño inmenso, el más importante de su vida. «Los sueños de gran alcance –según Jung–, permanecen a menudo guardados en la memoria a lo largo de una vida, y no raras veces constituyen la parte principal del tesoro de las vivencias psíquicas. [...] hay en ellos imágenes simbólicas que también encontramos en la historia del espíritu humano [...] prueban que el alma humana en parte es propia de cada uno, subjetiva o personal, y que en parte es colectiva y objetiva. De ahí que hablemos de un inconsciente personal y de un inconsciente colectivo, que representa una capa más profunda que lo inconsciente personal cercano a la conciencia. Los sueños grandes o trascendentales provienen de esa capa profunda. A menudo muestran una fuerza y belleza poéticas. Se presentan las más de las veces en períodos decisivos de la vida. [...] se trata de la realización de una parte de la personalidad que aún no existía, que sólo estaba a punto de llegar a ser. [...] lo inconsciente sólo funciona satisfactoriamente cuando la conciencia cumple su tarea hasta el límite de sus posibilidades. Un sueño puede, quizá, completar lo que todavía falta, o seguirle ayudando a uno, aun donde el mayor esfuerzo ha fracasado».

Por tanto, el doctor Jung tal vez habría anotado que fue un sueño compensatorio trascendental, en repetición, en el que intervino la conciencia, que ayudaría al paciente a confiar en sí mismo y seguir adelante con su propósito. El inconsciente de Hamer era sabio.

No es un sueño de sombra –el lado oscuro de nuestra Naturaleza–, sino un sueño de luz. Desde el primer momento, iluminó el camino del doctor Hamer. Y no dejó de alumbrarle hasta su muerte.

Sobre si Dirk realmente se le apareció en sueños, Jung habría dicho que «la cuestión pertenece al campo de la metafísica, donde no existe criterio alguno de verdad». Y habría añadido: «La esencia de la psique nos es todavía demasiado desconocida». Para rematar, según terminó escribiendo: «He llegado a la íntima convicción de que los fantasmas son realidades con las que se sueña, pero de las cuales la "sabiduría profesional" no quiere tomar nota».

No, el doctor Jung –ese gran psiquiatra– no habría diagnosticado que el doctor Hamer estaba loco.

En absoluto.

Cuentan de Carl Gustav Jung que animaba a sus alumnos favoritos a distinguir en los sueños con muertos los puramente simbólicos de los que son visitas reales del ultramundo. En su juventud, se aficionó a practicar sesiones de espiritismo con su prima Hélène, una médium magnífica, don que, según Jung, había heredado de su abuela materna. A lo largo de su vida, vio fantasmas con frecuencia y soñaba con Filemón, su guía espiritual, quien le reveló los arquetipos. Sufrió un infarto cardíaco. Salió de su cuerpo. Vio la Tierra, cuya contemplación «desde tal altura es lo más grandioso y más fascinante que he experimentado», dijo. Tenía un sexto sentido muy agudizado.

«Escuchemos» lo que nos cuenta Jung en una nota a pie de página de su libro *Energética psíquica y esencia del sueño*: «Cuando en 1925 participé en una expedición al monte Elgon, una de las jóvenes que nos traían el agua, habitante de un pueblo de hotentotes vecino, presentaba una fiebre muy alta, según todas las apariencias a causa de un aborto séptico. Nuestro escaso instrumental no nos permitía aplicarle un tratamiento en condiciones. Los parientes llamaron de inmediato a un *nganga* o curandero. Empezó a dar vueltas alrededor de la choza en círculos cada vez más grandes para husmear las cercanías. De pronto, se paró en seco en un sendero que bajaba del monte y explicó que la paciente era la única hija de sus padres, muertos demasiado jóvenes y ahora moradores de un bosque de bambúes, de donde descendían cada noche para enfermar a la hija, con el fin de que muriese y les hiciera compañía. Construyó enseguida en ese sendero una "trampera para los espíritus" con forma de choza en miniatura, modeló una pequeña figura de barro como simulacro de la enferma y la metió en la chocita con *posho* (los remedios). De noche, los espíritus entraron dentro porque creían que era la casa de su hija. Para nuestra sorpresa, la enferma sanó en dos días. ¿Nuestro diagnóstico era falso? El enigma quedó sin resolver».

IV. El mundo

Cuando aparece en el mundo un verdadero genio lo podéis reconocer por este indicio: todos los necios se conjuran en su contra.

Jonathan Swift

En la prisión de Fleury Mérogis, a 30 kilómetros de París, es la hora del patio. Los presos han salido de sus celdas. Los guardias vigilan, alertas, cualquier movimiento extraño. Deben mantener la paz en este pequeño infierno, la mayor cárcel de Europa. Tiene, en teoría, capacidad para 2.956 reclusos, pero la realidad es otra. Alberga casi el doble de delincuentes: asesinos, homicidas, ladrones de todo tipo –banqueros de guante blanco, atracadores con metralleta, rateros de navaja– camellos, estafadores, pederastas, proxenetas, violadores, mafiosos, contrabandistas, políticos corruptos, depredadores de su propia especie, sanguijuelas humanas... y algún que otro inocente condenado injustamente o con pruebas falsas. Qué ambientazo, el recreo de la cárcel. Desde el aire, la prisión tiene forma de hexágono. Parece una flor de cemento. Hay motines con frecuencia.

Los presos queman colchones. Protestan por el hacinamiento y porque ven ratas. Hay chinches y cucarachas en sus celdas y en sus camas. Los funcionarios, de vez en cuando, hacen huelga. Piden más personal para poder controlar a los presos y más protección para sus propias vidas. A veces, se asustan.

Entre los reclusos, hay un hombre corpulento y alto que apenas se mezcla con el resto. No es como los demás. No habla bien francés. Los presos se ríen de su acento. Es un alemán muy raro, un *boche*, ese término despectivo con el que los franceses llaman a los alemanes. No fuma ni bebe alcohol ni se droga ni trapichea. No se ha hecho amigo de ningún preso. No intenta ganarse la confianza de los funcionarios. Se pasa las horas consultando manuales médicos, mamotretos de biología o medicina y tomando notas.

Sí, es Ryke Geerd Hamer. Tiene sesenta y nueve años.

¿Qué delito ha cometido? Galileo tuvo que retractarse ante el papa, arrodillarse, pedir perdón, hincar la cerviz en las losas. Prefirió parecer un cobarde antes que arder vivo y atado con una argolla. El doctor Hamer no le ha pedido perdón a nadie. No se ha retractado. No está arrepentido. No ha renunciado a las cinco leyes biológicas que afirma haber descubierto para su Nueva Medicina. No van a quemarlo vivo, pero está pagando el peaje. En nuestro mundo, rebelarse contra un sistema que factura millones es un delito grave. Al parecer, el doctor Hamer suponía una amenaza. ¿Para quién? ¿Para quiénes?

En el patio de la cárcel, es sólo un anciano al sol. Al otro lado, el de la libertad, hay aparcada una caravana pintada de rojo, amarillo y naranja con letreros que rezan, en alemán y en francés: «Liberad al doctor Hamer». La habitan varias mujeres. Una de ellas es su pareja, Bona García Ortín. Sus seguidores –cada vez más numerosos– han convocado una manifestación en Tübinger. A la prisión de la cárcel, a las instituciones de justicia y salud pública de Alemania y Francia, hasta a Amnistía Internacional están llegando cartas, ya son miles, pidiendo que liberen a ese hombre. Es inocente, afirman.

¿Cómo ha llegado el doctor Hamer hasta Fleury Mégoris? ¿Cómo se han conjurado los hechos? ¿Por qué han conspirado contra él los poderosos? ¿Qué oscuras maquinaciones se han perpetrado en los despachos, los laboratorios, los juzgados, las redacciones, los consejos? Tal vez su encierro se deba al miedo de unos cuantos. ¿Quiénes son? ¿Por qué le temen? Es sólo un anciano al sol. Ha levantado, él solo, una teoría capaz de dinamitar la ciencia médica, de acuerdo. Pero, ¿por qué es eso tan peligroso? Llamadme ingenua: no logro comprender por qué se encarcela a un hombre cuyo único delito es contemplar la enfermedad y la medicina de otra forma.

Cuando descubrió las dos primeras leyes de su Nueva Medicina Germánica, creía que el mundo le haría caso. Estaba tan convencido de su descubrimiento que se lanzó a airearlo sin miedo, con un entusiasmo inocente, con una alegría nueva y cándida. Sólo quería salvar vidas. Se le murieron pacientes pero otros muchos sanaron. La mayoría le llegaban desahuciados. La medicina oficial no podía hacer nada por ellos. Otros habían visto cómo morían los suyos, ya sin fuerzas, desdentados, calvos, con las manos y los pies hinchados por la quimioterapia. Se negaban a instalarse en ese infierno. Querían una medicina humana.

Al doctor Hamer ya no le queda nada de su inocencia. Se le ha agriado el carácter. Además, tiene un problema en las vértebras lumbares. Le duelen mucho. Como es el descubridor de la Nueva Medicina, se está aplicando a sí mismo su terapia. Sabe que sufre un conflicto de desvalorización. Está en la cárcel; eso es un golpe bajo. Él se siente inocente, pero su cuerpo grita. Se halla en la segunda fase, la vagotónica. El problema se está resolviendo pero necesita reposo.

¿Cuándo empezó todo? ¿Fue el disparo? ¿La agonía? ¿Su cáncer? ¿Sus pacientes oncológicos? La vida, cómo se le ha retorcido.

Nada más descubrir el síndrome de Dirk Hamer y la ley de hierro del cáncer, presentó su trabajo como tesis de habilitación en medicina interna ante la facultad de medicina de Tübingen. Solicitaba que la universidad lo habilitara para empezar a salvar vidas cuanto antes. Tenía escritas trescientas páginas tituladas *El síndrome de Dirk Hamer y la ley de hierro del cáncer.* Contenían los resultados de los casi doscientos cánceres investigados, con sus informes y las correlaciones entre psique, cerebro y órgano. Quería anunciarle al mundo su descubrimiento: la conexión entre la psique y el cáncer. Quería que la medicina reparara en su trabajo. Quería que le escucharan con atención, que verificaran su tesis. Según el doctor Hamer, la ley de hierro del cáncer se cumplía en todos los casos. *Todos,* sin excepción. Era octubre de 1981.

En mayo de 1982, la Universidad de Tübingen rechazó su trabajo sin verificarlo. Lo cierto es que hubo dos revisores: el doctor Schrage, ginecólogo, y el doctor Wilms, internista. El primero concluyó que aquello no era una tesis objetiva ni concisa. El estilo, demasiado personal y emocional, no se ajustaba a la bibliografía médica clásica. Y el doctor Wilms arguyó que el trabajo parecía el de un intruso en la medicina. «La nomenclatura del doctor Hamer parece la de una pseudociencia –dijo–. No puedo recomendar a la facultad que acepte este trabajo como un logro de habilitación porque contiene serias deficiencias formales y metodológicas».

La respuesta del resto de profesores fue unánime: «Verificar la tesis del doctor Hamer no es asunto que competa a esta facultad de medicina». Carpetazo. Ciento cincuenta votos en contra le impidieron contarle al mundo la conclusión de todas aquellas horas invertidas con la pasión de un hombre que ha descubierto un secreto.

Según sus detractores, «el descubrimiento del doctor Hamer no era reproducible y, por tanto, no podía considerarse científico». Según sus seguidores, un excompañero de estudios le confesó que sí hubo una reunión de médicos para comprobar su tesis. Pero los resultados de esa comisión nunca se harían públicos.

Así estaban las cosas. No es que los ciento cincuenta jueces le suspendieran después de revisar, una por una, sus trescientas páginas. No. No es que las rechazaran, atónitos ante semejante sarta de tonterías y extravagancias. Tampoco. No es que consideraran que aquella era la conclusión de un loco, un perfecto disparate a estas alturas de la historia de la medicina. No. No. No. Simplemente, se negaron a echarle un vistazo.

El procedimiento de habilitación requería que el opositor expusiera su tesis. Se debía establecer un debate entre él y la comisión de expertos. No sucedió que los jueces le contradijeran ni que le dejaran solo en la tarima tras abandonar la sala con indignación o entre risas. No. Es que no le dejaron exponerla.

Quien quiera entender que entienda lo que quiera. La actitud de esos ciento cincuenta humanos, profesores universitarios, catedráticos, doctores, todos, en medicina debería resultarle a la historia, cuanto menos, sospechosa. Bastaba con que el caso de un solo paciente no se ajustara a las tablas de las correlaciones que había levantado el médico para desbaratar todo el estudio.

En ese preciso instante –mayo de 1982– Ryke Geerd Hamer comenzó su pelea contra el mundo. Le acababan de asestar un gancho en la mandíbula, el primero de un combate que duraría hasta su muerte. Lo tumbaron en muchos asaltos pero él siempre se levantaba. Y seguía peleando. Tenía un grito de guerra: «¡Pero verifíquenlo! ¿Por qué no lo verifican? Es un estudio empírico, con resultados exactos!». No paró de repetirlo, como quien recita un mantra, el mantra de su verdad, la verdad del doctor Hamer.

Bautizó la actitud de sus colegas como «síndrome de Tübingen: «Una combinación de envidia, soberbia e ignorancia –dijo–. El sistema está tan claro que habrían tardado de quince a veinte minutos en verlo. ¿Por qué no lo verifican?».

Denunció a la universidad ante los tribunales. Alegó que ni los dos revisores ni el comité al completo habían comprobado la exactitud de su tesis en los pacientes. «Si lo hubieran hecho, habrían encontrado que mis resultados son correctos», dijo. Como médico, tenía derecho a que sus colegas revisaran su trabajo.

En diciembre de 1986, el tribunal administrativo de Sigmarigen citó a las partes.

—No queremos saber si el doctor Hamer lleva razón –declaró el profesor Voigt, uno de los examinadores.

—Pero es una habilitación –arguyó el juez Iber–. Tienen que comprobarlo.

Y obligó a la Universidad de Tübingen a realizar la verificación pertinente. Si funcionaba, debían habilitar la tesis. Si, por el contrario, aquello era un disparate, tenían que argumentarlo. La universidad siguió sin verificarlo. El 3 de enero de 1994, la corte emitió la orden de verificar la tesis. El 22 de abril, la universidad lanzó un comunicado: «No está prevista la verificación de esta disertación en el marco de posdoctorado». Así que no sucedió nada, salvo que la universidad tuvo que pagar la multa correspondiente.

El doctor Hamer contó que el asesor jurídico de la universidad le había dicho: «Puede estar seguro de que nuestra gente ya ha revisado más de cien veces, a puerta cerrada, la Nueva Medicina. Y ha comprobado que el asunto funciona. Si hubiesen encontrado un solo caso, uno solo, que no se ajustara a su sistema, le habrían invitado al día siguiente a una revisión oficial en Tübingen».

❑❒❑

Volvió a intentarlo. Convocó, el 6 de diciembre de 1983, a un tribunal de arbitraje internacional de médicos en una pequeña clínica que había habilitado en Gyhum, en la Baja Sajonia. Era un hospital piloto, con treinta pacientes de cáncer. El doctor Hamer puso a disposición de los siete examinadores informes, gráficos, radiografías, TAC… y –lo más importante– quince de sus pacientes para que comprobaran la relación de sus cánceres con sus conflictos. También les entregó su tesis, que ya debía de doblar las trescientas páginas, junto a una declaración jurada, firmada de su puño y letra: Ryke Geerd Hamer se comprometía a abandonar su trabajo si encontraban tres casos que no se ajustaran a su ley de hierro del cáncer. *So-lo-tres-ca-sos.* Se lo estaba jugando todo. El acuerdo se cumpliría sin trampas, al menos por su parte. Era un pacto entre caballeros, profesionales de la medicina.

Un hombre que convoca al mundo para contarle un secreto *–el secreto–* debe de estar seguro de su hallazgo. No le preocupa quedar en ridículo. No tiene miedo. Está convencido de que está en lo cierto. Está exponiendo su nombre, su reputación, el futuro de su vida y obra al dictamen de la humanidad, a los ojos de los jueces. Es un hombre desnudo en espíritu. No oculta ningún doblez. Sólo quiere que lo escuchen.

Nueve horas duraron las comprobaciones. Escogieron muchos casos arbitrariamente. No encontraron ninguno que no siguiera el sistema descrito por el médico. Exploraron a los pacientes, en presencia de Hamer y su esposa. Cuando el doctor exigió que certificaran, según lo acordado, que el sistema era correcto, se negaron.

—Señor Hamer –dijo el presidente de la comisión– su ley de hierro del cáncer no nos interesa.

Los pacientes se echaron a llorar al escucharlo. No querían regresar a la medicina clásica, a sus tratamientos de quimio y radioterapia.

El doctor Hamer contó que el asunto acabó con una conversación privada entre él y el profesor Stender, radiólogo. Era uno de los jueces.

—Su regla de hierro del cáncer me parece de una consistencia fascinante –dijo el doctor Stender–. Mira que siempre le busco fallos pero no le encuentro ninguno. Si nos guiamos por ella, todo lo que hemos hecho durante las últimas décadas es una tontería. Usted puede hacer lo que quiera, pero no espere que firmemos. Si lo hiciéramos, pareceríamos todos unos idiotas.

El mundo volvía a derribarlo. Otro puñetazo. «Que no, doctor Hamer, que no. ¿No ve que no nos interesa?».

Desde ese mes de diciembre de 1983, no ha aparecido en el mundo ningún doctor en medicina que haya demostrado que la tesis del doctor Hamer sea falsa.

❑❒❑

Le cerraron la clínica. No se rindió. Abrió otra en Katzenelnbogen, cerca de Koblenz. La llamó Amici di Dirk. La registró como pensión, a la espera de una licencia que parecía que no iba a llegar nunca. Contaba con donaciones privadas. El conde Antoine D'Oncieu de la Bâtie y su hermana, Rosemarie, eran sus principales filántropos.

El periódico *Bild* había sacado a la luz algunas curaciones con su tratamiento. El rumor se iba extendiendo: Hamer curaba el cáncer. Sus colegas proclamaban que era «el Napoleón del crimen en la oncología», «el Osama bin Laden de la medicina». «Hay que mantenerlo tranquilo. A ver si se calma». La prensa se lanzó sobre la clínica. Los titulares: «¿Operación hospitalaria sin licencia?», «El doctor Hamer no tiene permiso para aceptar pacientes», «Clínica ilegal de cáncer: un negocio turístico», «El doctor Hamer, sospechoso de fraude», «El rastro del doctor Hamer: siete "invitados" muertos», «Murió un "invitado" de Hamer. La policía investiga».

Su hospital contaba con setenta camas. Según el doctor Hamer, durante los tres primeros meses, murieron tres pacientes. Según sus detractores, murieron casi todos. Sacaban los cadáveres de noche, para no alarmar a los enfermos. No existe constancia de ninguna denuncia por muerte o negligencia médica.

La NDR radio emitió una entrevista en diferido con el médico. He aquí dos preguntas que le hizo el reportero:

—¿Se le mueren pacientes?

—Algunos, sí. Es inevitable. No todos pueden salvarse.

—¿Se ha curado alguno?

—Sí, casi todos.

Al editar la entrevista cortaron, pegaron y emitieron:

—¿Se le mueren pacientes?

—Sí, casi todos.

La revista *Stern* tituló un reportaje: «Doctor Hamer: el hombre que despierta falsas esperanzas». Afirmaba que «en lugar de recibir el tratamiento adecuado, los pacientes se pasaban el día cantando y comiendo». Y por lo que se aprecia en los vídeos, es cierto. Los pacientes cantan, ríen y celebran, como si estuvieran en una fiesta perpetua, a salvo de la muerte. Caminan sin ayuda, suben cuestas, montan en bicicleta, algo imposible unos meses atrás, cuando la medicina les anunció que ya no podía hacer nada por ellos, «lo sentimos mucho, márchese usted a su casa».

Cuando la señora Ingrid Steiner se presentó en la clínica del doctor Hamer con su hermano, presentaba un bulto del tamaño de una moneda de dos euros en la mejilla derecha. Le habían diagnosticado un carcinoma plano de epitelio. Según la biopsia y el informe histológico, el tumor era maligno. Tenían que sajarle media cara, limarle un buen trozo de mandíbula. Aun así, sus posibilidades de supervivencia eran del 50 %. La iban a operar al día siguiente, en Hamburgo.

—A ver, señora Steiner, piense –le dijo el doctor Hamer–. ¿Qué le sucedió hace, aproximadamente, nueve meses? Tuvo que llevarse un buen disgusto.

Entonces el hermano intervino. Habló por ella.

—Hace nueve meses te quitaron el carnet de conducir, ¿recuerdas? No hacías más que hablar de ello.

Así que era eso. Un asunto tan banal le había provocado un tumor en el rostro.

—Señora Steiner, no se opere.

—Pero ya he firmado. Me han hecho todas las pruebas preoperatorias. Tengo que ingresar mañana en la clínica.

—Le garantizo que si su hermano hace todos los trámites para que recupere usted el carnet, en cuatro semanas, desaparecerá el tumor.

Ingrid Steiner no ingresó en el hospital de Hamburgo. Se quedó en la clínica de Hamer. Recuperó el carnet. El tumor se esfumó. Sólo le quedó una ligera rojez dentro de la boca.

❏❐❏

Silke Bauer, una avispada periodista de una radio de Tübingen, consiguió localizar, veintidós años después, a tres mujeres que trabajaron para Hamer en Amici di Dirk. Ninguna de las tres era enfermera pero, a veces, hacían guardias. «Todos los pacientes llegaban desahuciados –le contó la que fue su secretaria–, casi terminales, abandonados por la medicina. Eran alemanes, italianos y franceses. Estaban muy enfermos y eran pobres. Eso era un problema, la falta de dinero. Algunos días no teníamos ni para comprar comida». Entonces el doctor Hamer se ausentaba. Volvía al cabo de varios días, con el problema resuelto a corto plazo. «Una vez vino cargado de pollos de raza. Pensaba que los huevos ecológicos eran muy buenos para la dieta de los enfermos. Y otro día trajo un pato. Lo soltó en la hierba». Sabía cómo animar a los pacientes. «Sí, se reían mucho con él. Recuperaban la alegría de vivir. Y él decía: «Mirad, nuestros pacientes van por el buen camino. Se curarán». Los tres testimonios coinciden. Al principio, el doctor Hamer les pareció una buena persona. «No era como los demás médicos, que parecen dioses en bata. Éste era un médico humano –contó su ex secretaria–. Pero al cabo de varios días, me di cuenta de que estaba loco. Me dictaba cartas muy confusas para las autoridades del distrito, para las instituciones del gobierno regional en las que se peleaba con todo el mundo. Sufría de manía persecutoria. Creía todo el tiempo que alguien quería hacerle daño».

«Se sentía perseguido, ése era el problema –declaró otra ex empleada–. Y no admitía que le llevaran la contraria. Discutía, se enfadaba. Ni siquiera le podías plantear problemas administrativos. Todo era muy caótico, por la falta de personal y de dinero».

«Al conocerle –contó la tercera– me pareció que irradiaba bondad, amor al prójimo. Daba la impresión de que amaba a sus pacientes. El doctor Hamer impresionaba a la gente, sabía cómo hacerlo. Caía simpático, inspiraba confianza. Pero al cabo de los días, cambié de opinión». Según esta mujer carecía de autocrítica. «Estaba absolutamente convencido de su método y no admitía ninguna sugerencia. Le insinuabas cualquier cosa y te decía: "¡No, por el amor de Dios!". En la clínica no se administraban calmantes. Cuando los pacientes sufrían mucho y las empleadas le pedían analgésicos, su respuesta era la misma: "¡No, por el amor de Dios!"».

Una tarde, esta trabajadora, oyó gemidos detrás de una puerta. La abrió. Había una joven llorando.

—Es mi úlcera –le dijo–. Me duele mucho.

Entonces levantó la sábana.

—Tenía un agujero en el muslo del tamaño de un puño. –declaró la ex empleada–. Se le veía el hueso. Y allí no se seguía ningún tratamiento, salvo unos polvos que el doctor le había dado para que se los echara en la herida cuando le doliera. Nunca, en mi vida, había visto nada parecido.

En un comentario de una web contraria a la Nueva Medicina, una mujer cuenta que vivía a 10 kilómetros de la clínica. «Cuando las ventanas de las habitaciones de los pacientes permanecían abiertas –escribe–, podíamos escuchar sus llantos y gemidos. Debe de haber sido tan cruel... ¿Por qué no han detenido a este hombre? Rezo para que reciba muy pronto el castigo que merece». Cuesta creer que a 10 kilómetros se puedan percibir gritos humanos.

Una noche, una joven paciente con cáncer de huesos comenzó a golpearse la frente contra la pared. Del dolor, los golpes eran rítmicos.

—Doctor, esto no es normal –le informó la empleada–. No puede seguir sufriendo. Hay que darle algo, lo que sea.

—¡Por el amor de Dios, no! Un analgésico le cambiará la sangre y detendrá la cura.

«En aquel momento –recordó la ex empleada– me creí lo que me dijo el médico. Él debía saberlo. Pero el dolor no remitía».

—Doctor, ¿hay algo que pueda hacer yo por esa pobre chica?

—No. Yo me encargaré. Dormiré a su lado esta noche. Eso la calmará, la hará sentirse segura.

«Me pareció un método muy raro que un médico pasara toda la noche al lado de una paciente».

En efecto, lo era. En los hospitales de toda la vida, el médico suele pasarse por la habitación del enfermo una vez al día.

Ninguna de las empleadas tenía conocimientos de medicina. Como, aparentemente, allí no se aplicaba ningún tratamiento, una de ellas se atrevió a cuestionarle el sistema. Le parecía invisible. El doctor Hamer la llevó a su despacho, en la primera planta. «Tenía TAC colgados por todas partes. "Mira, ésta es la señora X y éste, el señor Z. Observa el cráneo, aquí, ¿no ves un punto?, es el foco, y ese foco es la causa, y la causa son los problemas psicológicos». Para aquella mujer, todo esto era nuevo. «Nunca había oído hablar de ello, así que como no sabía nada de medicina, pensé que a lo mejor era verdad».

Uno de aquellos días en que el doctor Hamer se había ausentado, el hermano de una paciente se presentó en secretaría.

—¿Dónde está el doctor Hamer? Mi hermana no aguanta más. Está gritando. Le duele mucho. Por favor, que venga el médico. ¡Rápido!

Pero el doctor no había dicho dónde estaba. No había dejado ningún teléfono. No había manera de localizarlo. Tal vez estuviera buscando dinero en alguna parte de Alemania o Francia. El hermano de la paciente siguió insistiendo.

—Por favor, un médico.

Así que una de las trabajadoras llamó a un cirujano que trabajaba en una clínica cercana. Llegó acompañado de un colega. Le administró un analgésico a la enferma. Y denunció a la clínica.

Entonces –según relató el doctor Hamer–, «el fiscal de la república atacó la casa Amici di Dirk con dos tropas de asalto armadas hasta los dientes y dio un ultimátum a los pacientes para que se marcharan». Es decir, la policía intervino, confiscó material, pruebas e informes, vació las habitaciones, reunió a los pacientes en la puerta y dijo: «El que no se marche voluntariamente, será arrestado. Váyanse a sus casas».

Había prensa en el desahucio. El titular del día siguiente anunciaba: «Fin de Hamer, el doctor del cáncer». La foto que lo acompañaba era impactante: un hombre con bata blanca, corpulento y fuerte llevaba en brazos a una jovencita exhausta. Parecen un gran primate y un ave larguirucha y bella. Ella está muy flaca. No puede con su vida. En las dos caras se aprecia una tristeza infinita. Son el doctor Hamer y Bettina R, una paciente de dieciocho años. Se había roto una pierna patinando. Cáncer óseo. Ella lo abraza a él con la mirada perdida y total abandono, como sólo se abraza a alguien en quien se confía hasta la muerte. Y él la sostiene firme y potente, como si fuera un hombre de granito. Un titán. Es uno de esos momentos en perfecta sincronicidad con su apellido: *hamer*/martillo. Hay tanta humanidad en esa foto que, al verla, nadie podría pensar que este hombre era un farsante. Ahí sólo había nobleza. El pie rezaba: «Con lágrimas en los ojos, el doctor Hamer saca a Bettina R. de su clínica. Su padre dice: "Hamer era nuestra última esperanza"».

Según el reportaje, los setenta pacientes abandonaron la clínica esa misma mañana. Tuvieron que hacerlo. Las amenazas de la policía parecía que iban en serio. Pero el titular se equivocaba: Hamer no estaba en las últimas.

❑❒❑

Era diciembre de 1985. Amici di Dirk no había durado ni seis meses. Ese mismo año, el 12 de abril, su mujer había muerto en sus brazos. Infarto de miocardio, después de cinco procesos cancerosos que habían empezado a los dos meses de la muerte del hijo. Al cáncer de útero se le acabó sumando un cáncer de mama. «Nunca llegó a creer del todo en la Nueva Medicina», dicen sus detractores que afirmó el doctor para justificar su muerte. La enterró junto a su hijo, en el cementerio protestante de Roma. Pese al golpe, el doctor Hamer siguió trabajando, imbatible.

Escribió *Cáncer, enfermedad del alma.* Como no encontraba editor, tuvo que fundar su propia editorial, Amici di Dirk, en Colonia. Le costó trabajo dar con un impresor dispuesto a meter en máquinas ese material. Cuando se disponía a recoger los ejemplares de la primera edición, recibió un balazo en el parabrisas del coche. Todos los que se pasaron por su consulta de Colonia lo atestiguan. Lo tenía colgado, como un trofeo macabro, junto a la fotografía de su hijo. No eran imaginaciones suyas: querían quitárselo de en medio.

En uno de los registros posteriores, la policía alemana acabó requisando el parabrisas.

Mataron a sus perros con veneno. Tal vez fuera un aviso. Estaba obsesionado con una persecución invisible. Culpaba a la P2, la logia del príncipe que disparó a su hijo y al «síndrome de Tübingen». Hablaba de sabotajes, de oscuras maquinaciones secretas, de zancadillas, de una mano negra que se cernía sobre él. Por lo que parece, en lugar de acobardarle, le volvía más fuerte.

A partir de 1986, el aparato estatal cayó sobre su persona con toda su burocracia y su jerga jurídica. Pretendían hacerlo trizas. Jueces, fiscales, abogados, procuradores, vistas, sentencias, recursos, apelaciones, exámenes psiquiátricos, se repetirían, sin cesar y, desde entonces, hasta sus últimos años. Primero en Alemania. Después en Austria y Francia. Intentaron declararle loco. Alegaban paranoia, incapacidad mental, manías persecutorias. Un tribunal de Koblenz, presidido por el juez Bayer, lo sometió al examen psiquiátrico del profesor Horn, director de un manicomio. Si pudieran internarlo, adiós al doctor Hamer. Se acabó el problema. Pero Horn no fue capaz de demostrar su demencia.

La trituradora siguió en marcha. Le dieron un ultimátum. «Doctor Hamer, es sencillo: o abjura de su ley de hierro del cáncer y su Nueva Medicina o le quitamos la licencia para ejercer como médico. Usted elige».

Habría preferido morirse antes que renunciar al sueño de su vida. Le quitaron la licencia. Pero el sueño era posible. Sucedía casi siempre, delante de sus narices, como en el caso de Almut. Era la hija del doctor Hanno Beck, profesor de Historia de Ciencias Naturales en la Universidad de Bonn. Como su profesión indica, este hombre conocía y amaba la Naturaleza. En 1988, a Almut le detectaron un tumor maligno en un ovario. Según su ginecólogo, había que extirparlo «inmediatamente». Pero el profesor y su hija conocían la Nueva Medicina. Habían oído hablar de sus sorprendentes resultados. No se asustaron. Decidieron esperar sin prisa. Cuando recibieron el informe de la tomografía con el diagnóstico de un crecimiento del tumor alarmante, acudieron al doctor Hamer.

—Tengo que felicitarte, Almut –dijo el doctor tras explorarla–. Ya has superado lo peor. Debes de haber sufrido un conflicto de pérdida muy grande, pero tengo una gran noticia: ya lo has resuelto. Te pondrás bien.

Su madre había muerto dos años antes. Ésa era la causa. Hamer le aconsejó que no se dejara operar todavía. Había que esperar el momento. «En un tumor de ovario –escribió Hanno Beck– es típico que, en unos pocos meses, el crecimiento se transforme en un quiste duro, que se puede extirpar quirúrgicamente sin dificultad. Hasta que el quiste no está completamente duro, el tumor se adhiere al tejido de alrededor. Si se detecta en esta fase, la medicina convencional lo interpreta erróneamente como un "cáncer invasivo"».

Ante la alarma de los médicos, Almut decidió esperar a que el tumor creciera y se enquistara por completo. Después de un año, Hamer dijo: «Ahora» y la envió a una clínica cuyo cirujano conocía la Nueva Medicina. El día anterior, el internista de la clínica oficial le había dicho: «Está todo el abdomen lleno de metástasis. No hay nada que hacer. Es inoperable».

Cuando Almut se puso en manos del cirujano elegido por Hamer, parecía que estaba embarazada. El quiste, completamente encapsulado, era como una pelota de fútbol. Pesaba 4,5 kilos. «¡Hamer tenía razón!», cuenta Beck que dijo el cirujano cuando, por fin, lo extrajo. «Al día siguiente, mandaron al patólogo clásico una muestra de tejido que confirmó el diagnóstico oficial: cáncer de ovario muy maligno».

Almut se recuperó y abandonó la clínica a los diez días. «Nueve años han pasado desde entonces –escribió el profesor Beck–. Es importante señalarlo porque no encaja con las creencias de los médicos escépticos ni con la estrategia de todos los que se empeñan en suprimir el conocimiento médico. Hasta hoy, mi hija se siente mejor que nunca. Está casada. En mayo de 1997 –ocho años tras la operación– dio a luz a un bebé saludable, un hijo que sin la Nueva Medicina Germánica del doctor Hamer no habría venido a este mundo».

Este hombre contó que, cuando pidió la factura, sólo figuraba la estancia en la clínica. No quisieron cobrarle la intervención quirúrgica. Se aseguraron, así, de no dejar pruebas. «¿Cómo gestionó este asunto el departamento de finanzas? –se preguntaba el profesor Beck–. ¿Por qué no contabilizó todos los gastos? Pueden hacer cualquier cosa para silenciar a un doctor competente».

En cuanto al cirujano, fue reprendido. La dirección le ordenó que no volviera a operar según los preceptos de la Nueva Medicina Germánica. En aquella clínica, no volvió a mencionarse al doctor Hamer.

A partir de entonces, Hanno Beck se dedicó a difundir la Nueva Medicina con la fuerza de quien conoce una verdad porque ha vivido sus hechos. Convocó una conferencia en su facultad para médicos, jueces, biólogos, bioquímicos, pacientes. El rector había dado el visto bueno. Tuvo que suspenderse: cuando llegó a la sala, el profesor Beck se la encontró cerrada con llave.

«El caso del doctor Hamer es el caso más extremo de represión del conocimiento –dijo–. Una ruina moral de las universidades y los tribunales, sí, de todo nuestro estado. Parece que estamos en la Edad Media. Francamente, uno se avergüenza de ser profesor universitario».

En 1992, publicó su libro *El cáncer es curable. Dr. med. Ryke Geerd Hamer. Un ejemplo de supresión del conocimiento.*

❑❒❑

El 9 de diciembre de 1988, la Universidad de Viena verificó su ley de hierro del cáncer. A la cabeza del equipo figuraba el profesor Jörg Birkmayer, titular de la cátedra de oncología. La Nueva Medicina era correcta. Hamer no era un asesino ni un terrorista del cáncer. Ni siquiera estaba loco, como se empeñaban en demostrar, una y otra vez, las autoridades alemanas.

A esta verificación siguieron otras: Düseldorf, Múnich, Celle... En 1990, en la conferencia de médicos de Namur (Bélgica), dieciséis doctores ratificaron con su firma la validez de su tesis.

Una tarde de aquel año, mientras conducía por Estiria (Austria), acabó en Burgau, un pueblecito cercano a la frontera con Hungría. Mil habitantes. Cuando llegó a su castillo se bajó del coche. Databa del siglo XII. Parecía de cuento de hadas. «Y me gustó tanto que fui a hablar con el alcalde, el señor Wallner», dijo. Pensaba que sería un buen sitio para reclutar pacientes. Debe de ser así como el destino funciona a veces, porque quien le recibió fue la alcaldesa.

—¿Es usted el doctor Hamer?

La mujer no daba crédito. Le parecía un milagro. Hacía poco más de un año, le habían diagnosticado leucemia. A punto de ser desahuciada, un vecino le pasó *El Testamento de una Nueva Medicina*.

—Usted ha salvado mi vida –le dijo la señora Wallner– Leí de un tirón su libro. Entendí que la leucemia es una fase de curación. Dejé los medicamentos. Y encontré el conflicto que me había hecho enfermar. Míreme ahora, doctor, estoy sana.

La alcaldía de Burgau le cedió un ala del castillo para sus pacientes. Y pudo aguantar cinco años. Pero la trituradora seguía en marcha. Es una máquina atroz, perfectamente engrasada. En 1993, un juez alemán volvió a citarlo para que lo examinara el doctor Bresser, un perito psiquiatra famoso por su dureza. Al llegarle el turno, dijo, sin que le temblaran las pestañas:

—Señoría, usted me ha pedido por teléfono que declare que el acusado está loco. Lo siento, no puedo hacerlo. Si lo hiciera, también tendría que diagnosticar que están locos todos los profesores y médicos oficiales que han comprobado la validez de la Nueva Medicina. Compréndalo, sería ridículo. Que alguien descubra algo nuevo no significa que haya perdido la cabeza. En el caso del doctor Hamer, no veo ninguna evidencia de trastorno mental.

El tiro por la culata. Los enemigos de la Nueva Medicina que estaban en la sala se tuvieron que quedar perplejos. Pero Hamer seguía inhabilitado en Alemania.

Cada vez tenía más seguidores. En Francia, el conde D'Oncieu había fundado ASAC. En Italia, Marco Pfister encabezaba ALBA. Ambas asociaciones difundían su método. La leyenda del doctor Hamer se extendía por Europa. Muchos médicos estudiaban las tablas de correlación entre cáncer y conflicto. Al oír hablar de un sistema exento de radio y quimioterapia, cada vez eran más los pacientes de la Nueva Medicina. Pensaban que si ellos mismos se habían provocado su cáncer, también iban a ser capaces de autosanarse.

❑❒❑

El 21 de mayo de 1997, lo arrestaron en Colonia, muy cerca de su casa. Estaba con su hijo Bernd, dentro del coche. Se presentaron cuatro unidades de la policía, ocho hombres armados. Le pusieron las esposas con los brazos a la espalda. Lo llevaron al juzgado. Bernd pudo acompañarlo, escoltado por los agentes. Le acusaban de violar la ley de Naturopatía, según la cual «un consejo» era prescripción facultativa. Él no podía prescribir: estaba inhabilitado. Por lo visto, le habían pinchado el teléfono. Y pudieron escuchar cómo aconsejaba a tres enfermos.

Lo encerraron a la espera del juicio. Temían que se fugara. Sabían que pasaba largas temporadas en España. Le gustaba mucho Málaga, donde impartía seminarios.

Allí le había conocido, en 1992, el doctor Vicente Herrera. «La primera impresión que tuve al verlo y mirarlo directamente a los ojos es que aquella mirada era la de un hombre sincero, honesto y muy especial». A partir de entonces, lo visitó en su casa de Colonia. «En su despacho siempre había desorden, lo que resultaba paradójico porque en sus cuadros sinópticos, todo aparecía muy bien estructurado. Como tenía tanta demanda, lo tenía todo revuelto, pero sin confusión, como si fuera un ejecutivo del alma. Sí, eso es lo que era».

El juicio se celebró en agosto. Según sus seguidores, fue una pantomima. El doctor Herrera estaba en la sala. «Había mucha gente ¿cómo te diría yo?, multicolor, muy natural, alternativa, hasta una joven amamantando a un niño», recuerda. Eran los que le apoyaban, unas treinta personas. El juez no dejó que testificaran. «Hamer estaba tranquilo y entero. Era un hombre de convicciones muy firmes», afirma el doctor Herrera. Declaró, según los periodistas, «con tono serio y voz suave».

—De las setecientas personas que mueren al día en Alemania, si por mí fuera, podrían salvarse seiscientas sesenta.

Cada vez que se defendía, aplaudían sus seguidores. El juez Hilgert tenía que poner orden en la sala.

—El doctor Hamer –declaró un testigo de la fiscalía– le dijo al paciente que sólo necesitaba descansar para reponer fuerzas. Cuando llegó a la clínica, ya estaba en las últimas. No pudimos hacer nada.

—¿Cuánta morfina le disteis? –replicaba el doctor Hamer–. ¡Murió de una sobredosis!

Sus partidarios volvían a aplaudir. Y la prensa miraba atónita. Acababan de publicar que Hamer había rematado a cuarenta pacientes. Pero ¿dónde estaban las denuncias? No constaban.

Pasaba lo mismo en Austria. De su hospital de Burgau, la policía había requisado unos seis mil quinientos informes. Cuando empezaron a investigar descubrieron que al cabo de cinco años, casi seis mil pacientes seguían vivos y saludables. Así que la fiscalía austríaca no pudo hacer nada con ellos.

En el juicio de Colonia, el doctor Hamer volvió a saltarse la ley. Su abogado le pasó a hurtadillas unos TAC que acababa de deslizarle el doctor Herrera. Eran de una paciente. Necesitaba con urgencia la opinión del acusado. Allí mismo, frente al juez, Hamer garabateó el diagnóstico en un papelito. Luego se lo dio al abogado, quien se lo entregó al doctor Herrera delante de todo el mundo.

En el descanso, desalojaron a sus partidarios. No les dejaron volver a la sala. «Lamentable –comenta el doctor Herrera–. Yo me resistí a salir. Tuvieron que sacarme en brazos».

La novia del doctor Hamer, Friederike Beck, le dijo a la prensa que seguirían vendiendo libros y organizando seminarios. Él tenía sesenta y dos años; ella, treinta y cuatro.

Le condenaron, el 9 de septiembre, a un año y siete meses de cárcel. «Me siento orgulloso –escribió– de tener que estar en prisión por todos los pacientes y los partidarios de la Nueva Medicina y la verdad científica». Estaba solo en su celda. Cada mes tenía derecho a tres visitas vigiladas, treinta sellos de franqueo y un máximo de 300 marcos para gastarse en el supermercado. Se dedicó a investigar las causas biológicas que impulsan a los criminales a cometer delitos.

Salió de la cárcel de Klingelpütz en mayo de 1998. Había vivido trescientos setenta días de reclusión. Se sentía enfermo. Le dolían las vértebras –L5 y S1– entre la zona lumbar y el sacro. «Sufría un conflicto de desvalorización», contó Marco Pfister, su adalid en Italia. Su psique gritaba: «No me escuchan, no me entienden, no me valoran. No es justo que esté en la cárcel». Pfister trabajó con él en esa época «Tenía el vientre muy hinchado. La osteólisis le provocaba fuertes dolores. Teníamos como quince libros de embriología sobre la mesa. Los estudiábamos. Un libro decía una cosa; otro decía otra. A cada hora, él se iba a dormir. Tenía que descansar. Estaba en la fase de vagotonía. Luego se levantaba y volvía al trabajo hasta que resistía».

El doctor Hamer no sabía que volvería a estar preso ni que sus huesos se resentirían el doble, por el mismo conflicto, unos años más tarde.

❑❒❑

El 8 y 9 de septiembre de 1998, el Instituto de Oncología H1 Elizabeth de Bratislava, el servicio de oncología del hospital de Trnava y la Universidad de Trnava, en Eslovaquia, verificaron la Nueva Medicina Germánica después de revisarla en siete pacientes con veinte enfermedades. El doctor Hamer estaba presente. Eran, en total, diez médicos. Algunos, al principio, parecían reacios. Pero al comprobar, en todos los casos, que el diagnóstico de Hamer era exacto, firmaron la verificación. Se quedaron asombrados.

Por Internet circula un vídeo que recoge una de las reuniones posteriores a la verificación. El doctor Hamer luce limpio, exultante, serio. Lleva una chaqueta azul marino a juego con la corbata impecable. Qué bien le sienta el traje. Está sentado a una mesa junto a sus colegas. Dice:

—Ustedes se dirán: «Si está tan en contra de la medicina convencional, ¿qué está haciendo aquí, en la facultad?». ¿Es que acaso la medicina convencional tiene el monopolio de la facultad? Y además, ¿qué es la medicina convencional? Un caos de cinco mil suposiciones en las que se imagina que tiene la exclusiva. Estoy aquí como científico, no como alguien que se ha aprendido el catecismo de la medicina convencional de memoria y lo recita de carrerilla. Y me lo sé. Llevo quince años de experiencia clínica.

Los médicos que le acompañan le escuchan con atención y asienten.

—Y como científico –continúa– quiero traeros las pruebas científicas, las leyes naturales que he comprobado y se han comprobado aquí con siete casos aleatorios. Hemos visto que son correctas. ¡Correctas! No quiero convenceros de cualquier manera, sino como lo hace un científico, mediante la reproducción de cualquier caso al azar, como debe hacerse universalmente en ciencias naturales. Y aquí no hay ni medicina convencional ni medicina no convencional que valgan. Lo que hay es reproducción y verificación. Suficiente. Por lo que una de las dos debe de estar equivocada. Y la que se equivoca tiene que saber perder. Debemos hacer todo lo posible por nuestros pacientes, hasta el punto de decir: «¡Un momento! ¡Error! Estábamos equivocados. ¿Qué debemos hacer ahora que ya lo sabemos para curar a los pacientes?». Eso es lo que pienso.

Hamer habla con humildad. Sus colegas lo escuchan en perfecto silencio.

—Esto no debería ser una guerra de creencias, sino una confrontación justa y científica. Por eso estamos aquí, en la universidad –concluye.

❏❐❏

Volvieron a detenerlo el 9 de septiembre de 2004. Estaba frente a su casa de Alhaurín el Grande (Málaga). La policía española se presentó con una orden de la Interpol: el Tribunal de Chambery (Francia) lo declaraba culpable del ejercicio ilegal de la medicina y no asistencia a personas en peligro. ¿En qué quedamos? Hiciera lo que hiciera, cometía un delito. Además, Hamer no había tratado a ningún paciente en Francia. No había pisado el país desde agosto de 1993, durante el entierro de su amigo Antoine d'Oncieu de la Bâtie. También lo condenaban por estafa.

«No se entiende –declaró su abogado español, Javier Iglesias Redondo a la revista *Discovery DSALUD*–. La condena es por ejercicio ilegal de la medicina… cuando Hamer es doctor en medicina interna, ha cursado, además, psiquiatría y pediatría y cuenta con un diploma de radiólogo. Y se le condena por estafa porque varios pacientes, que fueron informados sobre la Nueva Medicina y su terapia, no se curaron. Por esa regla de tres no iba a quedar ni un solo médico en la calle; la mayoría estaría en la cárcel. Es como si a mí me condenaran a prisión por no ganar un pleito. Es todo un disparate».

Pasó en la prisión de Soto del Real (Madrid) una noche. Después lo trasladaron a Francia. Lo encerraron en Fleury Mérogis. Y volvió el dolor de vértebras.

En una de sus primeras cartas, fechada el 21 de octubre, cuenta: «Los últimos tres días han sido un auténtico horror. Cuarenta y cinco horas contadas de verdadera tortura, con entrevistas continuas, después de obligarme a desnudarme varias veces. Me han tenido dos noches durmiendo en el suelo, sin esterilla ni manta. Esos días sólo me dieron un sándwich y medio litro de agua, a las dos de la tarde, sin desayuno. Me concedieron veinte minutos para ir al lavabo, pero con las esposas».

Se queja de lo mismo que los demás presos, esos que se amotinan porque sus celdas apestan. «En este sitio, cien empleados de la limpieza tendrían trabajo fijo durante un mes. [...] Hasta hoy no he podido enviaros noticias porque no me daban ni un sello. Tengo la sensación de que estoy en un campo de concentración con otros cinco mil reclusos».

Y, como siempre, la sombra de su locura como una excusa perfecta para desactivarlo. «Llevan intentando convencerme, desde el primer día, para que firme mi ingreso psiquiátrico ¡voluntariamente! Tienen claro mi delito: ejercicio ilegal de la medicina pero lo que entienden es que ese delito también lo cometo con la difusión de mis libros. Y lo que dicen es que si por leer mis libros personas a las que no he visto en mi vida deciden dejar la quimioterapia, incluso después de veinte sesiones, y mueren, ¡yo soy el único responsable! Absurdo, pero ésta es la estafa de la que me acusan».

Todo por andar diciendo y publicando que la enfermedad es curable si se acierta a detectar su causa psíquica. La de disgustos que se habría ahorrado si al primer toque de atención hubiera agachado las orejas. Pero no. Es lo que tienen los héroes: no se doblegan. «Estoy en la cárcel –escribió– porque elegí no dejarme corromper aceptando ninguna propuesta de las cientos que me hicieron, de esas que no pueden rechazarse, con el único fin de seguir en mi lucha, en nombre de mi pueblo y de todas las víctimas de este crimen. Incluso bajo tortura, quiero serviros de ejemplo».

Señores de la ciencia, capataces de la salud, doctores de la medicina, ¿están ustedes seguros, completamente seguros, de que este hombre tan entero, tan firme y tan convencido, no acertó a descubrir nada en ninguna de sus cinco leyes?

❑❒❑

Desde Fleury Mérogis hizo un llamamiento: «Os lo pido por favor, movilizaos con todas vuestras fuerzas. Pero, ¡ojo!, si protestáis ante la embajada o el gobierno, será como si la oca le va a reclamar a la zorra porque el zorro se ha zampado a su cachorro».

Seul contre tous es un documental de Jean-Jacques Crèvecoeur, un seguidor de Hamer. En las imágenes, aparece una manifestación en Tübingen. Centenares de mujeres y hombres, ancianos, cuarentones, jóvenes y adolescentes desfilan con mucha calma. Hay niños sobre los hombros de sus padres. Y bebés con peluches y biberones en sus cochecitos. Llevan globos de colores y pancartas que dicen: «Doctor Hamer. Genio». Es una manifestación pacífica. Nadie grita. Nadie corre. Nadie parece indignado. ¿De dónde ha salido esta gente? No son actores pagados. No son ociosos sin otra forma de pasar la tarde. La mayoría son ex pacientes que se sienten sanos. ¿Qué piden? El reconocimiento oficial de la Nueva Medicina Germánica.

Un hombre sostiene un cartel: «Cáncer de próstata. Sin cirugía. Sin quimioterapia». Otro se queja a la cámara de que se oculte el conocimiento. «No es normal –declara–. Por eso estoy aquí».

Al doctor Hamer no le gustó la película. Y eso que es una maravilla. En sus últimos años, no le gustaba casi nada. «Es un hombre intolerante y paranoico –declaró Crèvecoeur, el autor–. Ya no distingue a sus seguidores de sus enemigos. Y ataca sistemáticamente a los que quieren defenderlo llamándonos ladrones y asesinos». Ryke Geerd Hamer se sentía humillado y herido. La cárcel de Francia le hundió. Salió el 16 de febrero de 2006. Había pasado a la sombra quinientos veinticinco días. En la puerta, le esperaba su mujer, Bona.

—Otro encierro yo no lo aguanto –dijo.

Y se refugió en Sandefjord (Noruega), a salvo de los tratados de extradición de la Unión Europea.

V. El dolor

Lloramos al nacer porque llegamos
a este gran escenario de locos.
William Shakespeare

¿En qué estaría pensando Giordano Bruno cuando vio a sus verdugos encender las antorchas? Habían hecho una pira con troncos de encina y una estaca en medio para colocarlo, descalzo y atado con una argolla al cuello. Lo quemaron vivo por hereje. Mira que decir que el sol es una estrella... A quién se le ocurre. Se desmayaría por el humo y el pánico antes de sentir sus nervios crepitando por las llamas. Era 1600. Corrían malos tiempos para los innovadores. Pero ¿qué pensaría? ¿Qué piensa un hombre cuando es inocente y lo están quemando por compartir con el mundo su descubrimiento?

El doctor Ignác Semmelweis tuvo más suerte: no nació hasta el 18 de julio de 1818, un año ya a salvo de la Inquisición y sus pirómanos. Al igual que Giordano, descubrió una verdad inadmisible e incómoda: la suciedad puede provocar la muerte. Aunque parezca mentira, en el siglo XIX los humanos todavía no asociaban la salud con la higiene. Sus contemporáneos no le hicieron caso. Los mejores médicos de Europa, todos esos doctos hombres retratados al óleo con chistera y monóculo, de un aspecto tan noble, tan solemne, lo tacharon de idiota y ridículo; se rieron de él en sus narices. Para la clase médica de entonces, Semmelweis no era más que un patán, un paleto de modales toscos que hablaba alemán con acento extranjero, el húngaro.

Pobre Semmelweis. Él sabía que estaba en lo cierto. Pero había un problema: no podía demostrarlo. ¿Podemos imaginar cómo se siente un hombre cuando quiere ofrecerle al mundo la salvación y el mundo la desprecia?

Semmelweis no murió en la hoguera pero perdió la razón. Se volvió loco. El dolor que acumuló fue tanto, tan hondo y tan largo, que no lo soportó y al final de su vida se refugió en el delirio, un reino a salvo de la mordacidad de sus colegas.

«¡Lávense las manos!», repetía como un mantra, todos los días, en sus mejores años frente a sus alumnos, antes de empezar su clase de obstetricia. Había llegado a Viena procedente de su Budapest natal para acabar estudiando medicina, la más compasiva de todas las ciencias. Quería salvar al mundo. En 1846 ya era médico asistente en la clínica obstétrica del Allgemeine Krankenhaus –Hospital General de Viena–, el más vanguardista del Impero Autrohúngaro. En su maternidad, la más grande del mundo, existían dos salas contiguas destinadas a las parturientas: la primera y la segunda, cada una con su chimenea y sus camas idénticas. Desde el primer día –ese en que la mujer ingresaba con dolores de parto– hasta el último –el que abandonaba el edificio con su bebé en brazos–, la atención dispensada era gratuita. La maternidad del hospital de Viena era, por gracia de la emperatriz María Teresa, un centro de beneficencia. Por eso sólo ingresaban las mujeres más pobres, las sin recursos, las solteras y las prostitutas. Las burguesas y aristócratas parían en sus casas; podían permitirse un médico privado, ese lujo.

Todo empezó allí, en aquellas dos salas para parturientas. La desproporción en las estadísticas resultaba escandalosa: las de la primera unidad morían como moscas; las de la segunda, no. La primera arrojaba un alto número de huérfanos, mientras que en la otra, casi todos los recién nacidos salían del edificio prendidos al pecho de sus madres. El rumor circulaba por los arrabales: «Si vas a dar a luz en la maternidad de Viena, no ingreses en la sala uno, que te mueres; que te pongan en la dos, es la buena».

Los turnos de ingreso se establecían cada veinticuatro horas. Semmelweis vio a las mujeres gritar y suplicar por ocupar una cama en la sala de la vida. Las destinadas a la sala letal se revolvían como gatas cuando una enfermera las tenía que arrastrar hasta su cama maldita. Algunas, presas del pánico, conseguían escapar y parían en la calle. Semmelweis comprobó que los partos callejeros eran más saludables. Las mujeres que daban a luz en la calle, en la puta calle, no morían días después, frente las mujeres de la primera unidad del hospital benéfico de Viena. Al doctor Ignác Semmelweis este dato, cotejado cien veces, le robaba el sueño.

¿Por qué morían las mujeres, *sus mujeres*? El diagnóstico estaba clarísimo: fiebre puerperal, un mal que azotaba Europa y América sin que los médicos se pudieran explicar la causa. Los síntomas: poco después del alumbramiento, a la paciente se le hinchaba y le dolía mucho el vientre, le subía la fiebre, vomitaba hasta el agua, presentaba la lengua blancuzca, la orina oscura, la entrepierna pútrida, el pulso muy débil, además de frío, temblores y castañeo de dientes, que se alternaban con fases de calor y gritos de delirio.

Cuando alguna empeoraba, aparecía un sacerdote precedido por un monaguillo con la campanilla. El glin glin anunciaba la muerte. Atravesaba la puerta y recorría el pasillo entre las camas hasta detenerse ante la moribunda.

—Padre, por favor, se lo suplico –le dijo un día Semmelweis–, prescinda de la campanilla. Al oírla mis pacientes se asustan. Y necesitan reposo.

Así se hizo. No volvió a sonar la campanilla pero las mujeres siguieron muriéndose. Aquel año de 1846, en la primera unidad, fallecieron 460 mujeres; en la segunda, 105.

Semmelweis llegaba a la maternidad temprano, después de pasarse la noche en blanco preguntándose por qué se le morían las madres. Se cuadraba frente a las dos salas. A la primera entraban los estudiantes de medicina procedentes de su clase de anatomía patológica con el profesor Kolletschka. Venían de la sala de autopsias, de diseccionar cadáveres. Tocaba lección de obstetricia. Dirigidos por su profesor, tenían que explorar a las pacientes.

La segunda sala sólo era atendida por las comadronas. Llegaban desde sus casas frescas y limpias. Olían a lavanda.

Seguro que el inconsciente de Semmelweis comprendió el motivo de tanta muerte desde el primer día, desde el mismo instante en que contempló la escena y captó los olores y las esencias: las comadronas recién bañadas; los estudiantes tras las autopsias. La vida, limpia; la muerte, sucia. Lo malo es que no dormía. «Me asusté cuando oí el porcentaje de pacientes fallecidas», escribió en su diario. Al comprobarlo, se asustó el doble. «¿Por qué tantas mujeres, tantas, mueren de esta fiebre después de un parto sin problemas? Dar a luz a un niño es tan peligroso como una pulmonía de primer grado». No hacía más que darle vueltas. «La proporción de muertes en ambos pabellones es tan diferente... Puesto que el número no es tan grande en el segundo, tal vez la causa tiene que ver con algo que pasa y se nos escapa en la primera unidad. Pero ¿qué puede ser? Venga, vamos, vamos, Ignác, tienes que dar con ello». No conseguía descansar. Tenía que descubrir al homicida. Tenía que salvar a sus mujeres.

De todas las causas posibles que barajaban sus colegas, no le cuadraba ninguna. Algunos pensaban que se debía a los ligueros y esas fajas tan prietas que llevaban algunas mujeres en los primeros meses de embarazo. Por el peso del útero, las heces se almacenaban en el intestino y las absorbía la sangre. Otros creían que eran las miasmas –esas emanaciones misteriosas– o las influencias telúricas, cósmicas, magnéticas o atmosféricas o, incluso, los terremotos. También podía deberse a los loquios. Si no se expulsaban bien, acababan estancándose, pudriendo el cuerpo. O tal vez era la leche: creían que se componía de fluido menstrual y que procedía del útero. La confundían con el pus y el agua infectada que aparecía en el abdomen de las fallecidas. La mayoría de los médicos concluía con la misma frase: «Es voluntad del Altísimo».

—No, señores –decía Semmelweis–. No es la voluntad de Dios que una vida nueva alumbre a la muerte.

Los remedios más comunes consistían en enemas, opio para paliar los dolores, cataplasmas de trementina caliente sobre el vientre hinchado y las famosas sangrías: de medio a tres cuartos de litro, venga, dale que te pego, cada vez que la madre empeoraba.

Semmelweis seguía sin dormir. Se sentía impotente y vencido, el más infeliz de los hombres. «Todo me parece sospechoso, incierto, inexplicable –escribía–. Sólo hay una realidad segura: cada vez más muertes».

Hasta que la verdad decidió aclarar las cosas, poner orden en aquel desastre, y se impuso gracias a una muerte. Una mañana de marzo de 1847, mientras diseccionaba un cadáver frente a sus alumnos, el profesor Kakob Kolletschka se pinchó por accidente un dedo. Salió sangre. La punta del bisturí había estado revolviendo las entrañas del muerto. Kolletschka murió a los pocos días, con los mismos síntomas, con un cuadro idéntico al de las parturientas. Cuando Semmelweis leyó el informe de la autopsia practicada a Kolletschka, su inconsciente gritó y, esta vez, pudo oírlo. Lo vio, se dio cuenta. La muerte de sus mujeres y la del profesor tenían el mismo origen. «La idea me asaltó el espíritu con una claridad tan luminosa –escribió– que en ese momento dejé de buscar. Son los dedos y las manos de los estudiantes y los médicos, sucios por las autopsias, los que transportan los venenos mortales desde los cadáveres hasta los genitales de las parturientas».

Y ahí empezó su lucha, la lucha de Ignác Semmelweis. Hay humanos que caminan con una antorcha en la mano. No son muchos; son escasos. En ese momento de la historia, Semmelweis la portaba sin importarle las consecuencias. Creía estar preparado. Se había estado preparando, sin él saberlo, desde que se cuadraba frente a la puerta de las dos salas, todas las mañanas, para ver cómo entraban sus estudiantes y las comadronas. Pero no contaba con la soberbia ciega de sus colegas.

Esa noche tal vez no durmió excitado por el descubrimiento, pero al menos ya sabía que podía descansar. Ahora sí. Ahora iba a salvar a sus mujeres.

A la mañana siguiente, dispuso una fila de palanganas, cada una con varios cepillos de uñas, a la entrada. Las llenó con agua en la que había disuelto cloruro de cal, un desinfectante. Volvió a cuadrarse en la puerta. Cuando se reunieron todos los alumnos, dijo:

—¡Lávense las manos!

Sus alumnos no obedecieron. Le miraban atónitos.

—¿Es que no me han oído? ¿No entienden el alemán? Se lo voy a decir en latín: *Lavate manum*. ¡Se laven las manos, coño!

Nada.

—¿Saben por qué se mueren todas esas mujeres? Porque cada día, ustedes les exploran el cuello del útero con esos dedos. ¡Huélanse las manos! ¡Venga!, ¿a qué esperan?

Los alumnos obedecieron. Algunos, ruborizados, bajaron la frente y los ojos. Apestaban. Esos fueron los primeros en acercarse al agua.

—¡Lávense muy bien las manos, hasta los codos! Y restriéguense a fondo las uñas con los cepillos, ¡venga! Durante quince minutos, ni uno menos.

Se recostó en la pared, sacó su reloj del chaleco y computó el tiempo. Transcurrido el cuarto de hora, dijo:

—Ahora, sí. Vamos.

Repitió la escena diariamente –cloruro de cal disuelto en el agua de las jofainas– sin importarle las burlas, primero de sus alumnos, después de sus jefes. Sí: desde aquella misma mañana, el número de fallecimientos por fiebre puerperal descendió de forma asombrosa, aunque –ay– no completamente. Semmelweis había visto lo invisible, las partículas letales y cadavéricas, conocidas años después como «gérmenes patógenos», pero solo las veía él. No le creyeron. Tenía veintinueve años. Desde ese día hasta su muerte, no dejó de repetir su frase: *Lávense las manos.*

A partir de aquí, la historia es trágica. Johann Klein, su jefe, era un médico mediocre, un arribista envidioso, un político. Llevaba una gran carrera medrando por los salones –no en las consultas clínicas– por los pasillos –no en los quirófanos– y por los despachos más adecuados, no a la cabecera de las moribundas. Acabó despidiendo a Semmelweis.

Derrotado, volvió a su ciudad, Budapest, en 1850. Consiguió la plaza de director de la maternidad del hospital San Rókus. Impuso sus palanganas con cloro. Trabajó seis años.

Resultado: de las 933 mujeres que dieron a luz bajo su dirección, de fiebre puerperal murieron 8. Cuando averiguó la causa, entró en cólera. ¡Las sábanas! No las lavaban después de los partos. Preguntó por qué. Le respondieron: «Son caras. El presupuesto no da ni para desinfectarlas ni para comprarlas nuevas». Las pagó de su bolsillo.

Después escribió su libro, un tratado titulado: *De la etiología, el concepto y la profilaxis de la fiebre puerperal.* Él esperaba que el mundo lo leyera, que le creyeran, que se dieran cuenta, que adoptaran sus medidas, que salvaran a las mujeres, sus mujeres, las madres de la Tierra. No más huérfanos. No más muertes por alumbrar vidas nuevas. «¡Lávense las manos!». Era tan sencillo...

Pero fue el hazmerreír de Europa. «¿Semmelweis? ¿Quién es Semmelweis? Ah, sí, ese húngaro que dice que nos tenemos que desinfectar los dedos y las uñas. Un imbécil».

Se rompió, primero, un brazo; después, una pierna. Se le agrió el carácter. Envejeció prematuramente. Hay dos retratos. En el primero tiene treinta y nueve años y los representa; en el otro, fechado cuatro años después, parece un sexagenario. Se dedicó a enviar cartas a los obstetras más prestigiosos, llenas de insultos y amenazas. «¡Asesinos!» –escribía–. ¡Criminales! ¡Carniceros! ¡Matarifes! Les declaro ante Dios y ante el mundo cómplices de esta masacre. La matanza debe cesar y, para ello, estaré atento, ¡ojo avizor!, y a todos los que se opongan a mis preceptos para evitar la fiebre puerperal, a todos esos nerones de la medicina que propaguen errores letales y cuestionen o nieguen mi teoría salvadora de vidas los denunciaré sin piedad. Se lo advierto:

soy su adversario furioso. Nadie con el corazón bien puesto se atreverá a criticarme por ello».

También redactó pasquines, que distribuyó por toda la ciudad: «Padre de familia, ¿sabes lo que significa exponer a tu mujer cuando se pone de parto a las sucias manos de esos matarifes?».

Una tarde lo encontraron tratando de abrir un agujero en la pared de su cuarto. Creía que había un tesoro. Se sentía perseguido por jaurías invisibles. Sufría alucinaciones. El 30 de julio de 1865 lo ingresaron con engaños en un sanatorio público para enfermos mentales de Viena. Su esposa tuvo que decirle que dejaban Budapest para pasar unas vacaciones. Murió a las dos semanas. Tenía cuarenta y siete años.

Durante mucho tiempo, la leyenda contó que unos días antes de su ingreso en el manicomio, se pinchó a propósito con un bisturí infectado de sangre cadavérica, que él mismo se expuso a su propia muerte para demostrarle al mundo su descubrimiento, que murió inmolándose, igual que un héroe. Pero parece ser que murió de una paliza que le propinaron los guardias. En 1963, casi cien años después de su muerte, la autopsia que le practicaron reveló fracturas en los dedos, los brazos y una gran herida en el costado izquierdo, señal de que había sido pateado, brutalmente, en el suelo. Lo cuenta Sherwin B. Nuland, médico y uno de sus biógrafos, tras analizar las pruebas y el informe forenses. La teoría coincide con lo que contó su mujer, María Semmelweis: al día siguiente de su internamiento, ella quiso visitarlo, pero el director del centro no le dejó verlo. Le dijo que la noche anterior, Semmelweis había intentado escaparse, y como no pudo, sufrió un episodio tan agresivo y delirante, que tuvieron que reducirlo entre seis celadores.

Lo enterraron en una tumba muy modesta, en Viena.

❑❒❑

Y a continuación viene el Tiempo, ese justiciero, aunque a veces nos parezca que anda lento y se retrasa. La perfección en el microscopio. ¡Dios! Ahí existía un universo imperceptible para el ojo humano. Todo un cosmos invisible pero vivo y caliente. ¡Los microbios! ¡Las bacterias! El humano había llegado, con su ingenio, a desvelar lo imposible. El año que murió Semmelweis, Louis Pasteur ya investigaba lo que terminó llamando «teoría germinal de las enfermedades infecciosas». Pero no fue hasta 1879 cuando proclamó: «Señores, Semmelweis tenía razón. Son los médicos y el personal sanitario los que transportan los microbios infecciosos hasta las parturientas provocándoles el envenenamiento de la sangre».

Y ya el mundo estuvo de acuerdo: Ignác Semmelweis era el padre de la asepsia. Oh, Ignác Semmelweis, ese mártir, ese genio. Poco a poco, en todos los hospitales, en todos los despachos médicos, se implantó, como protocolo obligatorio, la desinfección de manos para evitar el contagio y la muerte.

En 1891, exhumaron su cadáver para depositarlo en Hungría, en un mausoleo ostentoso. Lo nombraron héroe nacional. Rebautizaron la Universidad de Medicina de Budapest con su nombre. Venga honores, venga pompas, venga homenajes. También levantaron su estatua frente al hospital San Rókus, con ángeles a los lados y una mujer a sus pies con un bebé en los brazos. La piedra reza: «El salvador de las madres». Hasta estamparon un sello con su efigie para conmemorar el centenario de su muerte. Qué grande era ese Semmelweis. Le destrozamos la vida, mas veneramos sus restos. Sí, qué grandes somos y qué gran mundo es éste.

❑❒❑

El gran Louis-Ferdinand Céline –ese escritor francés que también fue médico– le dedicó, en 1924, su tesis doctoral. Se titula *Semmelweis*. No parece un trabajo académico; parece una novela. En el prefacio a la reedición de la editorial Gallimard en 1936, Céline escribe: «Supongamos que, de modo parecido, aparece hoy en día otro inocente que se pone a curar el cáncer. ¡Poco se imagina qué clase de música le harían bailar muy pronto! ¡Sería realmente fenomenal! ¡Ah! ¡Que se arme de prudencia! ¡Ah! ¡Más le vale que sea precavido! ¡Que esté bien avisado! ¡Ah! ¡Le habría salido más a cuenta enrolarse inmediatamente en una Legión extranjera!».

No estoy diciendo que Hamer sea ese humano que nos anunció Céline hace tantos años. *No estoy diciendo eso* pero ¿y si lo fuera?

Cuando añadió el prefacio –doce años después de escribir su tesis–, Céline conocía un poco más la vida, el alma humana y el mundo de la medicina. Al escribir sobre Semmelweis contaba con una ventaja: sabía que el húngaro tenía razón, que su verdad era cierta. Los hechos estaban cerrados, y el pasado, cumplido y sellado. A Semmelweis le condenó su presente, pero el futuro le había redimido. Céline escribía sobre seguro.

Ahora es ahora y el doctor Hamer sigue siendo, mientras escribo, un proscrito. El presente lo está juzgando. Sentenciará el futuro; más nos vale que sea pronto. Pero, entretanto, ¿y si el doctor Hamer fuera ese inocente al que «más le habría valido alistarse en una legión extranjera?». Todavía no ha nacido su Louis Pasteur, ese hombre que le ilumine y arroje luz sobre su obra. Tal vez esté en camino. Tal vez, en este instante, sea un niño o un adolescente. O tal vez no nazca nunca porque el descubrimiento del doctor Hamer sea un delirio –es lo que afirman sus detractores– o porque la verdad –su verdad– no la acabará anunciando un humano solitario y brillante, sino una sinfonía de voces, un coro de mujeres y hombres de ciencia, cada vez más unido, más vasto, más potente.

Al tiempo.

El mantra del doctor Semmelweis: «¡Lávense las manos!»; el mantra del doctor Hamer: «¡Que lo verifiquen!». El primero, como una lady Macbeth que en lugar de expiar su crimen tratara de evitarlo; el segundo, como un rey Lear, enrocado y terco, asediado por la ingratitud de sus contemporáneos, aunque no fueran dos personajes de Shakespeare, sino dos personas compasivas, dos médicos entregados, conducidos por su verdad, como posesos, hasta el final del viaje.

Los dos eran hombres buenos. De Semmelweis, Céline dice: «Nos demuestra el peligro de querer demasiado bien a los hombres. Es una vieja lección, siempre joven». Y remata: «No hay nada gratuito en este viejo mundo. Todo se expía, tanto el bien como el mal, todo se paga tarde o temprano. El bien, por fuerza, resulta mucho más caro».

Podemos llegar a intuirlo pero nunca conoceremos el precio exacto que estos dos hombres de la medicina acabaron pagando. Solos los dos, frente a todos, sin más contraprestación que el desprecio y la burla de propina. Más el castigo, en el caso de Semmelweis, del manicomio, y en el caso de Hamer, la inhabilitación, la condena y la cárcel. Ese precio, en dolor, es incalculable. Y te puede volver loco.

Antes de que lo encerraran, Semmelweis se había dedicado a acusar a sus colegas de asesinos sin alma. Hamer no pisó el psiquiátrico, pero también se sintió perseguido por jaurías a veces reales, a veces imaginarias. Y, como Semmelweis, escribió cartas feroces, llenas de insultos y acusaciones.

Desde el principio, Hamer arremetió contra la medicina clásica. «La medicina de estado», la llamaba. La acusó de represora y anticientífica, ya que según él se basaba en cinco mil hipótesis falsas, no verificadas e inverificables. «La *medicínica»,* solía decir, «y sus *medicínicos*». Para retratar a sus colegas, contaba el siguiente chiste. Son tres estudiantes: uno, de física; otro de biología y otro, de medicina. Para aprobar, tienen que aprenderse de memoria la guía telefónica. El estudiante de física pregunta:

—Entre tanto número, ¿existe algún sistema predeterminado o por determinar?

—No. Sólo el orden alfabético.

El estudiante de física se niega a memorizar la guía telefónica. El de biología pregunta:

—¿Hay, entre los listados, algún proceso, alguna forma de evolución o desarrollo?

—No –le responden–. Pero tienes que aprenderte la guía completa.

El aspirante a biólogo también se niega. Cuando le llega el turno al estudiante de medicina, pregunta:

—¿De memoria?

—De memoria.

—¿La lista entera?

—Sí, sin saltarte ningún nombre, ningún número.

—Vale –responde–. ¿En cuánto tiempo?

«Para aprobar el examen de estado –escribió Hamer–, los médicos hemos tenido que recitar de memoria la guía telefónica. Nadie entiende nada, ni el profesor ni el alumno. La cualificación se basa en el número de páginas recitadas de carrerilla».

Al rechazar sus cinco leyes biológicas, «la estúpida medicina de estado» no sólo cometía el error más grave, sino «el mayor delito perpetrado contra la humanidad en toda su historia». «Pensemos –decía– en cuánto sufrimiento se podría haber evitado si el conocimiento de las cinco leyes biológicas no fuera negado sistemáticamente a la población. El desprecio hacia la humanidad resulta inimaginable».

Hasta aquí, la rabia de Hamer no es un delirio. Un médico que se ve perseguido por querer revelar lo que considera la verdad al mundo puede reaccionar con furia. Es una respuesta comprensible. Pero desde muy temprano, el doctor Hamer dio muestras de una obsesión insana. Creía que los sionistas practicaban su Nueva Medicina en secreto. Juraba que en Israel el protocolo oncológico de los hospitales obligaba a aplicar sus leyes biológicas sólo a los israelíes y a tratar con quimio, radio y morfina a los gentiles. Según el doctor Hamer, la medicina sionista prescribía entre su pueblo su descubrimiento, pero seguía maltratando con la medicina convencional a los demás pacientes, los no elegidos por Yaveh, el Dios de Noé y Moisés, el del Antiguo Testamento.

Esta obsesión le persiguió hasta su muerte. No existe constancia alguna de esta teoría alucinatoria.

Él contaba que durante la guerra, su familia ayudó a muchos judíos a escapar de los nazis. Se declaraba «todo lo contrario a un racista», como sus padres, que arriesgaron su vida en tiempos tan revueltos. «Me sentaría con la misma dedicación –escribió en una carta– a la cabecera de la cama de un alemán, un chino, un africano o un judío para ayudarlo. Pero si hay chinos que asesinan, estaré en contra de esos chinos. Y si son los judíos los que cometen el mayor y más horrible crimen en la historia del mundo, haciéndose pasar por víctimas perseguidas, estaré en contra de los judíos».

Según el doctor, todo empezó en 1986. El rabino Denoun de París lo buscó para que tratara a su hermano enfermo de cáncer. Hamer lo curó. Entonces le pidió ayuda para que la comunidad judía difundiera su Nueva Medicina Germánica. «Me quedé de piedra –escribe Hamer–

cuando el gran rabino de París, el señor Denoun, nos confesó a mi amigo Antoine Graf D'Oncieu y a mí que había recibido, al igual que el resto de los rabinos, una carta del gran rabino Menachem Mendel Schneerson, en la que ordenaba que todos los judíos debían ser tratados con la Nueva Medicina, verificada y correcta. Pero debía hacerse en secreto, para que los gentiles no tuvieran ningún conocimiento de ello».

❑❒❑

Existen cuatro cartas a los rabinos colgadas en Internet por el propio doctor Hamer.

La primera, fechada en junio de 1986, va dirigida al gran rabino Menachem Mendel Schneerson, líder de la rama Jabad Lubavitch del judaísmo jasídico, el más ortodoxo. El Rebe, como se le conocía entre su pueblo, era un anciano de barba muy larga y blanca, sombrero y abrigo negros, ojos punzantes y azules, una eminencia de la Torá y un ser tan carismático que se le atribuían milagros. Muchos creían que era el Mesías. Ejercía en Nueva York, en Brooklyn.

La carta empieza: «Usted es la cabeza de todos los rabinos de este mundo [...] el jefe espiritual de todos los masones que trabajan para "el Templo de Sion"». Y dice más adelante: «Igual que me alegré al saber que usted dio la orden de tratar a los pacientes judíos con este nuevo conocimiento, me desilusioné al enterarme de que, por lo que parece, no ordenó a sus logias levantar el boicot a los pacientes no-judíos para ser tratados con las leyes de hierro del cáncer. Por favor, no me diga "Nosotros no fuimos" porque estoy muy bien informado del asunto». Entonces acusa: «Sus masones, con sus logias, están cometiendo desde hace cinco años el crimen más cruel de toda la historia. Esto supone para cientos de millones de desgraciados seres humanos una muerte angustiosa. Los masones e Israel, para cuyo "Templo de Sion" trabajan, deben asumir su culpa colectiva y su responsabilidad en el crimen más atroz cometido contra la humanidad». Y continúa acusando con mayor dureza: «El Templo de Sion para el que trabajan sus hermanos de logia es desde hace cinco años el Auschwitz de Israel. Y ha sido el propio Israel el que lo ha levantado. Creo que las dimensiones de este crimen sobrepasan la imaginación de cualquier cerebro. [...] Nunca me habría podido imaginar que existieran seres humanos capaces de cometer una masacre de tal calibre. [...] si el precio para que el sionismo siga existiendo es continuar con el más horrible crimen de la historia, esto es una vergüenza para todos los seres humanos». Le ordena: «Abandone su Talmud con esa doble moral». Le amenaza: «Independientemente de lo que usted quiera o no reconocer, la historia le juzgará por estos hechos. El crimen es mayor cada día. Esta carta no pasará inadvertida, por lo que después de recibirla, ya no podrá seguir ocultando los hechos». Y, sobre todo, suplica: «Pido para mis pacientes que dé usted por fin la orden a sus logias de levantar sin condiciones el boicot al descubrimiento de las leyes de hierro del cáncer. [...] Se lo pido de rodillas por mis pacientes que se están muriendo.

¡Tenga compasión por la tortura de nuestros enfermos, tanto por los judíos como por los no judíos! Sólo esa compasión puede atenuar la grandísima matanza. Por favor, ordene inmediatamente levantar el boicot y deje que los pacientes que se están muriendo puedan salvarse».

Se despide «atentamente», no sin antes mencionar que su familia también es víctima de este «boicot terrorista» y que él mismo ha sufrido cuatro intentos de asesinato.

¿Podemos imaginarnos al doctor Hamer, a solas en su delirio y en su casa, redactando esta carta? El dolor tenía que ser insoportable. Nunca obtuvo una respuesta.

Catorce años después, en diciembre de 2000, escribió otra carta, dirigida a Paul Spiegel, presidente del Consejo Central de los Judíos de Alemania. Hamer le cuenta cómo el gran rabino Menachem Mendel Schneerson, en lugar de contestar su carta, le envió un sicario. «Recibí por respuesta –escribe– un intento de asesinato a manos de su subalterno más inmediato». Aquí no menciona el Templo de Sion, sino B'nai B'rith, una ONG judía con fines humanitarios y sedes en Europa y América. «Y si sus amigos de B'nai B'rith, la superlogia israelí –dice– intentan asesinarme, no les va a valer de nada porque después de esta carta, publicada en Internet, se sabría que ha sido B'nai B'rith». La acusa de ser la mano invisible que mueve todos los hilos en la sombra. «Pero los medios de comunicación –escribe–, que pertenecen al cien por cien a sus amigos de B'nai B'rith, se dedican a propagar la quimioterapia, la radioterapia y la morfina para los no judíos desde hace veinte años. El 98 % de los no judíos, es decir, dos mil millones de seres humanos, han sido torturados hasta la muerte del modo más cruel, por culpa de la represión del conocimiento de la Nueva Medicina, algo de lo que son responsables sus amigos». La tacha de criminal y despiadada: «Si sus amigos han cometido este espantoso crimen –y yo pienso que sólo la suprema logia B'nai B'rith es capaz de ello y cuenta con los medios necesarios para perpetrar un crimen perfecto y de un alcance tan grande como es la represión de la Nueva Medicina– no van a admitirlo, no están autorizados para hacerlo. Pero usted podría ayudar a terminar con esta matanza de veinte años y dos mil millones de muertos». Trata de protegerse: «Es posible que sus amigos hayan subestimado ciertas cosas como, por ejemplo, que la persona que ha descubierto la Nueva Medicina también sea capaz de descubrir a los responsables del bloqueo a su difusión y conocimiento. Después de que haga pública esta carta, no les servirá de nada atentar nuevamente contra mi persona».

También acusa a los médicos judíos de plagio y de acudir en masa a sus seminarios para robarle ideas cambiando su nomenclatura.

El final es una amenaza: «Por silenciar la Nueva Medicina a los gentiles, sus judíos podrían ser descalificados como seres humanos por los siglos venideros. Deberían tener miedo no sólo de los familiares de los asesinados, sino también del "ejército de los muertos"».

Como no obtuvo respuesta, Hamer volvió a escribir a Paul Spiegel treinta y cinco días más tarde, en enero de 2001. «Su silencio es suficientemente elocuente», dice. Y acusa: «Un judío que observa cómo sus vecinos no judíos son asesinados miserablemente con quimioterapia y que al mismo tiempo sabe de sobra, por su rabino o por experiencia, cómo se podría evitar esta matanza, sólo puede ser calificado de monstruo». Pero el doctor no piensa que todos los judíos sean culpables. Salva a los sefardíes. «Mi bien intencionado abogado judío –apostilla– me ha dicho que no cree que miles de pequeños perpetradores corruptos estén ocultando el conocimiento. Este crimen está siendo manejado de forma centralizada, seguramente a nivel mundial. Es muy probable que quien esté detrás sea B'nai B'rith, ya que posee y controla todos los bancos y diarios, un asunto que debería investigarse para aclarar si hay culpas colectivas».

Hamer vuelve a advertir que se sabe en peligro: «De momento, sus hermanos y esclavos de logia se dedican a difundir a los cuatro vientos que estoy muy enfermo y que voy a morir pronto. Es la estrategia que suele utilizar la logia B'nai B'rith cuando quiere deshacerse de alguien. Así no podrán decir "A Hamer lo han envenenado". [...] Pero no presento ningún síntoma que apunte a una enfermedad grave. Tengo una salud de hierro. Señor Spiegel –remata–, pensaba que sus hermanos eran más inteligentes». Y termina: «Mis mejores deseos para el Año Nuevo 2001».

Hay una cuarta carta, remitida al rabino Denoun de París ese año. Narra cómo el gran rabino Menachem Mendel Schneerson intentó asesinarlo, tres años después de recibir su primera carta, en 1986: «Me envió a su ayudante Vanderby para atraerme hasta Dinamarca, donde intentó envenenarme. Menos mal que me di cuenta». Pese al peligro que cree que corre, sigue sin asustarse: «Después de sobrevivir a diez atentados y ver, tantas veces, la muerte de cerca, conozco el *ars moriendi*. Aunque me enviaseis cien Vanderbys de entre los vuestros de la B'nai B'rith para liquidarme, no serían suficientes para borrar este crimen de la faz de la Tierra». Acusa a los judíos jasídicos de locura religiosa al estar llevando a cabo entre los gentiles una limpieza racial. Pero tiene esperanzas: «Aunque los judíos sionistas están acostumbrados a dominar el mundo con sus logias, tomando a los no judíos por tontos, corruptibles y cobardes, estoy convencido de que la gente, poco a poco, irá comprendiendo, acabará defendiéndose y no se dejará asesinar con quimio, radio y morfina». De vuelta a las amenazas, afirma: «Si usted y sus colegas, los grandes rabinos, no detienen inmediatamente el boicot a la Nueva Medicina para los no judíos, si no intentan reparar lo que todavía tiene arreglo, piensen que su comunidad religiosa puede sufrir una gran catástrofe». Y da un ultimátum: «Espero que los grandes rabinos tengan la suficiente inteligencia para comprender que ésta es su última oportunidad, ya que, de lo contrario, en el mundo entero crecerán la amargura y el odio contra ustedes, los sionistas, y persistirán por los siglos, ya que incluso hasta ahora siguen recibiendo grandes indemnizaciones económicas por explotar su papel de víctimas».

«Le ruego que acepte mis más sinceros saludos», dice para despedirse.

«Doctot Hamer, por favor –le pedían sus amigos, seguidores y aprendices antes de que empezara un seminario–

no mencione a los sionistas. No es necesario. Le desacredita». Pero no les hacía caso.

❑❒❑

El 17 de diciembre de 2008, ya exiliado en Sandefjord, redactó junto al gran rabino doctor Esra Iwan Götz, de la Unión Mundial para el Judaísmo Progresista, un documento que hizo público y en el que jura: «[...] mediante un escrito redactado por el Sumo Rabino Menachem Mendel Schneerson e incluido en el Talmud, todos los rabinos del mundo deben hacer que los pacientes hebreos sean tratados con la Nueva Medicina (llamada así al principio), ahora denominada Germánica Nueva Medicina®. [...] Lo peor fue, como el gran rabino doctor Esra Iwan Götz testifica, que en dicho escrito se añadió que deben utilizar los medios necesarios para impedir que los pacientes no judíos practiquen la terapia que ofrece la Germánica Nueva Medicina®. Según el gran rabino doctor Esra Iwan Götz, lo más aberrante es no sólo que todos los rabinos saben que la Germánica Nueva Medicina® es verdadera y han cumplido la orden de que ningún paciente judío sea torturado con quimio y morfina, sino que todos los doctores judíos, y especialmente todos los oncólogos, mayoritariamente judíos, efectúan a sabiendas dos tipos de tratamiento, una verdadera terapia o un tratamiento de tortura (según la religión del paciente). El boicot a la Germánica Nueva Medicina® no es una cuestión de ignorancia, error o falta de información, sino un genocidio dirigido, planificado».

El documento, firmado por Hamer, el gran rabino y otras seis personas, acaba: «Hacemos un llamamiento a todos los rabinos y especialmente a los oncólogos: «"Detengan este crimen y este genocidio mundial de los no judíos"».

La Unión Mundial para el Judaísmo Progresista asegura que no conoce al tal gran rabino Esra Iwan Götz de nada. Una de dos: o había visto el escrito del Rebe Menachem Mendel Schneerson con sus propios ojos o era un impostor oportunista. Lo que parece cierto, según las estadísticas, es que la tasa de muertes en pacientes de cáncer tratados en los hospitales de Israel no es inferior al resto del mundo. Son las sombras. Las sombras del doctor Hamer. No todo iban a ser luces en una mente brillante. El dolor puede volverte loco. Exagera la realidad y la deforma. La vuelve más dolorosa.

Escribió su última carta pública el año de su muerte. Tenía ochenta y un años. El remitente era Donald Trump, presidente de los EE. UU. de América. «Por favor, escúcheme», le dice. «Se trata del mayor crimen global en toda la historia de la humanidad: cuatro mil millones de gentiles muertos intencionadamente con quimio y morfina en los últimos treinta y cinco años bajo la orden del "Mesías" de los judíos, Menachem Mendel Schneerson [...] Discúlpeme usted, pero este "Mesías" de los judíos es el más grande y más despiadado asesino en masa por motivos religiosos de todos los tiempos». Y continúa: «En 1981, se realizó una comprobación oficial de la medicina germánica, con resultados 100 % positivos, pero por instrucciones del "Mesías" Schneerson a la Universidad de Tübinger tuvo que ser denegada porque la supervivencia con la medicina germánica sólo se les permite a los judíos». Acusa a los presidentes de Alemania y EE. UU. de ser cómplices de la matanza, pero apela a Trump para que acabe. «He oído que quiere usted acabar con los abusos. No sólo sería hermoso –escribe– sino necesario. No me interesa la política pero, como patriota, siento en mi corazón un sincero deseo de salvar a mi pueblo. [...] Quien ha hecho el mayor descubrimiento de la historia humana, a saber, la Nueva Medicina Germánica –afirma– seguramente podría ayudar a restablecer el orden y la democracia en Alemania, si se le permitiera». Para Hamer su medicina sólo es digna de un estado de pleno derecho, como el que consiguieron –según afirma–, en tiempos remotos, sus antepasados germanos. «Schneerson nos ha robado nuestra medicina germánica –dice– pero no les pertenece a los judíos. Debe ser aplicada, además de a los judíos, a todos los pueblos, pero sólo en un estado de derecho, aunque también funcione en todas partes con un éxito del 99,4 % en supervivencia de cáncer».

Donald Trump no contestó a su carta. Es muy probable que no la leyera.

El enemigo número uno de Hamer, el Rebe Menachem Mendel Schneerson, ese adversario imaginario cuya barba y sombra le persiguieron hasta su muerte, había fallecido en 1994. Dos años antes, había sufrido, mientras oraba, una apoplejía que le dejó sin habla. A fe que era carismático, poderoso y buen político. Consiguió meterse en el bolsillo a Carter, a los dos Bush, a Clinton y a Obama. EE. UU. declaró su cumpleaños «Sharing Day», Día de la Educación y

Participación, en honor a su inmensa labor educativa en todo el planeta. Para los judíos jasídicos de jabad –los más ortodoxos– era el «mesías». Muchos todavía esperan que resucite.

¿No se estaría midiendo Hamer con el Rebe para no quedarse atrás en importancia? ¿Se creyó el doctor Hamer, en algún momento, el adalid de una verdad mesiánica?

Esta obsesión de Hamer le valió los insultos de racista, antisemita y nazi. En julio de 2007, un tribunal alemán le acusó de odio racial y ordenó su arresto en la Unión Europea. Pero el ciudadano Ryke Geerd Hamer ya vivía exiliado en Noruega.

Su paranoia con los rabinos sionistas no invalida su descubrimiento.

VI. La poesía

Si algo es sagrado, eso es el cuerpo humano.
Walt Whitman

Un descubrimiento en la ciencia de la medicina que se dispara gracias a un sueño es un acto poético. Céline dijo de Semmelweis: «Era, en suma, un poeta de la verdad». Voy a robarle la frase. Voy a escribir que el doctor Hamer es ese poeta de la biología que descubrió que la psique, el cerebro y el cuerpo bailan en una sincronía perfecta, sin perder el compás en una sola nota, sin tropezar ni pisarse en «una sinapsis –como dijo el médico– que te deja sin respiración». Pura reverencia hacia la Naturaleza, que es una de las dos poetisas. Rima. La otra poetisa es la vida. No rima. Es verso libre y canalla.

El DHS es cosa de la vida. El conflicto biológico es cosa de la biología. Nuestra mente –la psique– también es Naturaleza. En realidad, somos animales. Un conflicto de territorio puede provocarle a un humano un ataque al corazón. Somos instintivos. Somos mamíferos. Somos seres biológicos con un psique tan poderosa que pone en marcha y resuelve todos los conflictos –las enfermedades–, pero tan frágil que una sola palabra, cruel y a destiempo, puede destruirnos. «Una sentencia judicial –escribió el doctor Hamer– puede asesinar a un hombre». El *shock* conflictivo podría resultarle tan terrible que lo aboque a una muerte matemática. «En realidad –dijo el médico–, una sola palabra puede matarlo». Los niños son los más vulnerables a las palabras. Deberíamos hablarles con cuidado, pensando muy bien qué les decimos.

«Incluso la distinción conceptual entre psique, cerebro y órgano es ficticia –escribió el doctor–. Realmente se trata de un todo y no se puede imaginar una cosa sin la otra». Somos un pequeño cosmos que se mueve y gira con el universo. Un mecanismo perfecto activado por la misma mano maestra que mece todas las especies, la Naturaleza. «Yo he dicho que el alma no es más que el cuerpo. Y he dicho que el cuerpo no es más que el alma», escribió Walt Whitman, ese poeta de las hojas de hierba, la vaina de las habichuelas, el corazón de los bueyes o de los humanos y los espacios infinitos. En Andalucía, mientras el doctor Hamer vivía en Málaga, llamaban a la Nueva Medicina la «medicina sagrada».

Paracelso habría calificado la Nueva Medicina como «arte», pues el arte, decía, «yace en el corazón».

«Querido lector –escribió el doctor Hamer– cuídate bien de entender el trabajo con las cinco leyes biológicas de la Nueva Medicina como un deporte intelectual. Aquí se trata a una persona viva, como tú y como yo, con un alma enferma a causa de un conflicto que quizás te parezca banal, incluso ridículo, pero que para este paciente ha sido de tanta importancia como para correr el riesgo de que lo destruya. Sólo las personas de corazón compasivo y manos calientes y con una sana comprensión de la realidad humana tienen derecho a "escuchar la confesión" de estos enfermos. Que ningún "medicucho" se acerque a estos pacientes: sería como un puñetazo en el ojo, tanto si quiere tratar localmente el tumor como si busca la "enfermedad narcisista". Aquí no hay sitio para los dogmas facilones, y estos conflictos biológicos elementales no tienen nada en común con los problemas psicológicos o intelectuales».

Según el doctor Hamer, si excluimos a los de la Nueva Medicina, sólo hay dos tipos de médicos: «los tradicionales –los de toda la vida–, que consideran a las personas como una "masa de proteínas" y los brujos de la selva». Los primeros manipulan y alteran la psique del paciente. La inmovilizan con lo que llaman «tratamiento sedante» medicinal. Los segundos son los curanderos vírgenes, «que comprenden correctamente, en cierto modo, las correlaciones psíquicas de las diferentes dolencias gracias a sus méritos curativos naturales y a su conocimiento de las hierbas». Los licenciados no te preguntan si eres feliz o por qué estás triste. Miran los papeles –también el vademécum– y te prescriben pastillas. «Los curanderos del bosque, en general eliminados, eran, sin duda, los médicos más inteligentes –escribe Hamer–. Sólo les faltaba una sistemática dentro de la cual reordenar las cosas».

Desconocían el mecanismo que se dispara con el DHS, pero intuían que, para curarse, el paciente debía resolver su conflicto. Investigaban su psique.

Se dirigían a su alma para preguntarle. Antes de prescribir las hierbas, consultaban un vademécum sagrado y sin páginas, que se remonta y es, en sí mismo, el origen, el vademécum más sabio, la Tierra.

Hace unos años, visité el Chaco boliviano y me mezclé con los guaraníes. Son humanos genuinos, conectados a la Tierra mediante el principio sagrado de la reverencia. «No, la Tierra no nos pertenece –dicen–. Somos nosotros, sus hijos, quienes pertenecemos a la Tierra».

Fidelia, una india de mediana edad, fuerte y hermosa, me contó que estuvo a punto de morir por una enfermedad extraña. «Soñé con un lagarto grande –me dijo– pero después se hizo un gato, como un tigre. Vino, se acercó. Era de color verde. Me desperté con susto. Mi cuerpo parecía una caja vacía. Yo estaba viva, sintiendo, pero no podía mover nada. Mi cuerpo era pesado, duro como un cerrojo. Así empecé». En cuanto pudo moverse, fue al médico. «Todo el día me examinó. Y no sabía lo que tenía», recordaba Fidelia. Entonces decidió visitar al *ipaye*, el curandero más cercano a su casa. «Es un médico natural. No ha heredado los poderes de su padre. El río tiene su dueño y hay veces que el dios del río le da el poder al *ipaye*».

El brujo guaraní la acogió en su casa. «Y me curó. Yo no sé qué hizo pero le costó toda la noche –me contó la india–. Me decía que alguien me hizo daño. El gato grande venía a matarme y él me lo sacó con su boca. Me chupó aquí en la frente y en la nuca. Me sacó a ese bicho. Después, seis meses sufrí pero en la cama sólo estuve dos. Y nada de medicamentos porque el médico no sabía qué tenía. Y por eso no me daba ni tabletas. Pero el *ipaye* me curó. Hasta este momento sigo viviendo porque él me curó».

Para los guaraníes del Chaco boliviano, hay diferentes tipos de enfermedades. «Hay veces que son para el médico y hay veces que son para el *ipaye* –me informó Fidelia–. El médico tiene que tratar de buscar solución para el enfermo. A veces no sabe. Los médicos ya conocen nuestra cultura. Si no tienen resultados, te dan permiso para que vayas al curandero. Y él ya se coordina con nosotros. Hay veces que el de la ambulancia se coordina con los dos, con el médico y con el *ipaye.* El *ipaye* examina al enfermo y le dice al de la ambulancia: "Mañana, a tal hora, me lo traes de vuelta". Y eso es lo que se hace. Del *ipaye* al hospital y del hospital al *ipaye.* Y así trabajan, coordinadamente», me contó la guaraní boliviana.

Los médicos del Chaco de Bolivia respetan el alma de sus pacientes indios. Saben que la psique es el mayor misterio. Y que existen dos talleres: el de la mente y el del cuerpo. Cada maestro, a lo suyo. Los dos intervienen en la curación del enfermo. El doctor Hamer afirmaba que eran un solo taller. El operario es la psique que mecaniza el sistema. «¡Enciendan máquinas!», dice. Tal vez le habría diagnosticado a Fidelia que su conflicto biológico fue provocado por una persona –«Alguien que le hizo daño», como diagnosticó el *ipaye*–. Le provocó un *shock* muy fuerte y el SBS se puso en marcha. La intervención del *ipaye* tranquilizó a Fidelia. El poder del brujo fue suficiente para hacerla creer que ya estaba a salvo, para anular el mal y reparar el conflicto biológico. Su psique se dijo: «Ya está resuelto»;

su cerebro: «¡Oído cocina!» y dio la orden para el restablecimiento –fase de vagotonía– que, en este caso, duró seis meses.

La maquinaria funciona en las hormigas y las moscas, las jirafas, los delfines y los dromedarios, los cangrejos y los peces, los manzanos y nosotros. Es la misma maquinaria servida y dispuesta en los planetas y las células, en toda la sintaxis del cosmos. Si esto es cierto, ¿dónde está la psique maestra y misteriosa? Y esa psique, ¿también duerme y sueña, como nosotros?

La vejez de la oruga es la mariposa. Que un gusano baboso y reptante se encierre en su propio capullo y lo rompa transformado en un bello insecto de alas quebradizas no es azar ni magia. Es Naturaleza. Una epopeya poética. Según el doctor Hamer, la Naturaleza no es malvada. No se equivoca. No es tonta. La enfermedad no es casual ni un error ni un castigo de los dioses, sino un programa inteligente. La biología es una ciencia exacta, un instrumento tan preciso y lógico que mide y marca nuestras emociones, nuestros pensamientos, igual un reloj mide y marca el tiempo. Las manecillas del reloj son nuestros órganos. No se retrasa. No se adelanta. El cerebro siempre opera a en punto. Y la psique lo recarga o le da cuerda. Es la respiración, el ánima, el tic tac, el aliento, el pulso. Mantiene su funcionamiento o hace que se detenga.

Todo esto es un canto a las especies. Es comprender la conexión del humano con el cosmos y sus átomos. Es colocarlo en su sitio, sobre la hierba y bajo los astros. Es devolverlo a su biología. Es otorgarle su dimensión exacta, ni más ni menos, su peso y estatura propios. El humano, ese engranaje de instintos con alma.

❑❒❑

Las cinco leyes biológicas de la Naturaleza dictadas por el doctor Hamer son válidas para humanos, animales y plantas. En la Nueva Medicina, hay dos grandes ámbitos de coordinación. En el primero, la sincronía entre psique, cerebro y órgano. En el segundo, la correlación entre modelos de comportamiento y conflictos con las hojas embrionarias. Pero «podemos considerar un tercer ámbito de coordinación más vasto a nivel cósmico –dijo el doctor–. Se compone, por una parte, de diferentes modelos conflictivos y de comportamiento en el sentido más literal (familia, estirpe, manada...) y, por otro lado, comprende la evolución simbiótica con las otras especies, razas y criaturas del universo durante millones de años». Los principios de la Nueva Medicina, según el doctor Hamer, son aplicables hasta para los organismos unicelulares. «Por primera vez –dijo– podemos comprender de verdad, en el pleno sentido de la palabra, a los demás seres vivos, los animales y las plantas».

«Todavía nos queda mucho por descubrir en la biología», dijo. Pero él creyó atisbar un mecanismo que explicaba con claridad cómo funciona el misterio de los códigos vitales. Y escribió: «Todos los seres vivos tienen un cerebro del órgano. Pero el hombre y los animales cuentan, además, con un cerebro central, el de la cabeza. Sobre por qué esto es así, sólo podemos hacer suposiciones». El doctor Hamer las hizo y llegó a una conclusión: «Yo creo que la razón es que el hombre y los animales:

a) No están ligados a un lugar, sino que se mueven libremente.
b) La necesidad de movimientos y una valoración rápida de la información exige un ordenador añadido.

Pero el cerebro central no es sustancialmente diferente del cerebro del órgano, sino que constituye sólo un complemento de éste», dijo.

Fascinante.

❏❐❏

Esta concepción de la biología, esta forma de ver los sucesos vivientes es una cosmovisión, además de poética, piadosa. «Es disparatado y escandaloso –escribió– considerar a nuestros animales "producción animal" o "producción de carne". Esto va tan en contra de cualquier código de nuestra Naturaleza que hasta que no pongamos en orden esta deformación religiosa de nuestra especie, no tenemos derecho a llamarnos seres humanos».

Era muy consciente de que, con esto, sus colegas se mofaban de él. «Mis adversarios quieren ridiculizarme», decía. No le importaba. «¿Habéis oído esto? –comentaban los médicos–. La nueva tontería de Hamer: ahora resulta que los animales tienen alma. Además de establos, tendremos que construirles iglesias».

«Estoy convencido de que los animales tienen alma –escribió el doctor Hamer–. De hecho, lo vemos cuando un animal tiene un conflicto igual que un humano. Si consideramos nuestra alma como lo que integra todas las funciones de nuestro comportamiento y conflictos, ¿por qué no aceptamos que también nuestras "co-criaturas", los animales, e incluso todos los seres vivos del cosmos, posean un alma?». Y comparaba la esclavitud humana de tiempos pasados con «la cínica e inaceptable consideración que se tiene en el presente con los animales».

Creo que podría vivir con los animales; son tan plácidos e
independientes;
no me canso de mirarlos.
No se inquietan por su condición, ni se quejan de ella;
no se desvelan de noche ni lloran por sus pecados;
no me exasperan con discusiones sobre sus deberes para con Dios;
ninguno está descontento; a ninguno lo perturba el desvarío
de poseer cosas;
ninguno se postra ante nadie, ni ante los demás de su especie
que vivieron hace milenios;
ninguno, en ningún lugar, es respetable o desgraciado.

Los versos son de Walt Whitman, el poeta estadounidense que cantó a la Vida para celebrarla. En realidad, era como Hamer. Ambos eran devotos de la biología, ese mecanismo animado por la gran psique maestra, por el misterio insondable. Whitman la reverenció con sus poemas; Hamer, con sus cinco leyes. Al poeta le habría fascinado el médico. Se habría quitado el sombrero para presentarse. Le habría saludado con un gran abrazo. Y le habría invitado a un vaso de vino, mientras le leía un poema, para celebrar que eran hermanos. «Ved: el cuerpo contiene y es el significado, el mayor asunto, y contiene y es el alma», escribió Walt Whitman.

El doctor Hamer era capaz de comprender lo que le decían sus perros sólo con mirarlos a los ojos. «Podemos comunicarnos con los animales con el pensamiento –dijo– hablar con ellos sin utilizar las palabras».

No me queda más remedio que creerlo. Lo he vivido dos veces. La primera, fue con una yegua blanca. La habían dejado al sol, en un cercado frente a mi casa. Primero oí un sonido de golpes repetidos. No procedían de una herramienta, eran extraños. Me asomé y la vi. Ella llevaba viéndome un buen rato. Comprendí, al mirarla, que estaba dando esos golpes para llamar mi atención. El ruido era gutural y fuerte. Golpeaba los dos labios del hocico como si fueran castañuelas. Parecían un instrumento de percusión biológica. Entonces, me lo dijo: «Tengo sed. Dame agua». Entré en la casa y llené un cubo. Se lo bebió muy deprisa. Supe que necesitaba más. En total, se acabó bebiendo tres cubos y medio. Cuando se hartó, me miró largamente. Luego se alejó despacio.

La segunda vez fue con mi gata Éboli, una superviviente que recogimos, tuerta y herida, de la calle. Yo estaba en el sofá. El balcón estaba cerrado. No se oía nada procedente de fuera. Entonces me asaltó un pensamiento: «La gata se ha quedado encerrada en el balcón». No sé por qué lo supe.

No la había oído maullar. Nunca se había quedado encerrada antes. Me levanté, abrí al balcón y allí estaba, mirándome. Corrió hacia el interior. Estaba asustada. Estoy segura: me había pedido ayuda con el pensamiento. Mi cerebro captó su mensaje.

El doctor Vicente Herrera me contó que Hamer podía leer la mente. «Lo comprobé –me dijo–. Sí, en varias conversaciones, pude comprobar que tenía la capacidad de la telepatía. Adivinaba lo que me estaba pasando. De verdad que sí. No tengo en esto ningún género de dudas». Y añadió: «Incluso decía que él tenía telepatía con sus animales y sus animales con él».

El paso del gruñido humano al lenguaje tuvo que ser muy largo. Pero más largo está siendo el paso del lenguaje hablado a la telepatía. Puede que los animales se comuniquen entre sí mediante el pensamiento. Tal vez lleven haciéndolo desde hace miles de años.

El humano, esa criatura. Cuánto tiempo le ha costado descubrir sus células. Cuánto tiempo tardará en llegar a comprenderlas. Aún no sabe por qué enloquecen, por qué se multiplican y disparan produciendo tumores, como obreras japonesas que hacen huelga produciendo más de la cuenta. Todavía se sigue pensando que estallan y se rebelan hasta acabar con el organismo. «Busqué el cáncer en la célula y lo acabé encontrando en un error de codificación del cerebro», escribió el doctor Hamer al principio, cuando creía que el mundo le haría caso. Tal vez llevaba razón. Tal vez todas nuestras células, tan afanosas en sus tejidos, obedecen órdenes de nuestro cerebro, el computador central a merced de nuestra psique. Esto es una patada en la cara de la medicina. Es una nueva era: otro paradigma. Es la revolución. Si el doctor Hamer estaba en lo cierto, hay que cambiarlo todo; hay que empezar de nuevo.

¿Y si, en realidad, somos máquinas maravillosas? ¿Y si fuera verdad que el cerebro obedece a la psique y descarga programas en los órganos para que podamos seguir funcionando? ¿Y si el humano ha creado –sin ni siquiera saberlo– sus ordenadores, sus chips, sus códigos informáticos a su imagen y semejanza? Pensar que somos biomáquinas activadas por la psique, el hálito, ¿es un disparate? ¿Y si en un futuro próximo se pudiera ver el interior de un humano a través de una imagen muy nítida de su cerebro? ¿Y si ya no hicieran falta análisis ni electrocardiogramas ni sondeos ciegos ni de todo tipo para saber cómo se encuentra el paciente? Sólo con echar un vistazo a su cerebro, un analista entrenado podría descubrir desde que tiene una úlcera en el duodeno hasta que se ha enamorado; desde el estado de su corazón o su páncreas hasta lo mucho que sufre porque se siente solo y ya no tiene ganas de vivir.

Parece ciencia ficción, pero ésa es la historia humana: lo que hoy nos parece magia, mañana será ciencia.

No es la primera vez que nos sucede. La historia de la medicina es tan larga como la de la especie. La muerte, ese misterio. El humano, siempre afanado, por los siglos de los siglos, en buscarle algún remedio. Después del brujo, vino el sacerdote. Hubo un tiempo –no tan lejano en la edad de nuestra especie– que se creía que la enfermedad era un castigo divino por nuestros pecados. Para ahuyentarla, echaban sal en los umbrales, pintaban con cal las fachadas y sellaban las ciudades infectadas de pestes. El cuerpo era cosa de Dios; la enfermedad, del diablo. Los curas exorcizaban a los pacientes. Los médicos, se santiguaban. Los barberos extraían muelas y practicaban intervenciones quirúrgicas sin anestesia, con las cuchillas llenas de gérmenes. A los muertos, ni tocarlos. Diseccionar un cadáver era una ignominia, un escupitajo al rostro de Dios.

Hasta que a mediados del XVI, la Iglesia autorizó a los médicos más vanguardistas a diseccionar a los muertos para que pudieran ver, por fin, qué había dentro de un humano, qué secretos contenía su cuerpo. Y aquí la humanidad dio un salto. «Pero ¿no veis que no es el demonio?», dijo la ciencia. Y la humanidad lo creyó; por qué no iba a creerlo. El cuerpo era un engranaje mecánico y bioquímico, con sus órganos y sangre, que funcionaban como una orquesta siguiendo los compases. La enfermedad era la consecuencia de un desequilibrio entre los instrumentos. La medicina era ya un taller que reparaba los cuerpos de forma mecánica. Nada que ver con Dios ni con la Iglesia ni con el diablo. Íbamos avanzando.

Pero ver los cadáveres por dentro, inspeccionar sus vísceras, tocarlas y olerlas no parecía suficiente. El humano se las apañó para agigantar lo invisible y así poder verlo a través de un cristal. El microscopio. Ése fue un salto más largo que el que adelantó al demonio. «Nos reveló el universo de lo infinitamente pequeño», dijo Louis Pasteur. Ahí había todo un cosmos más fascinante que el de los órganos. Los microorganismos invisibles al ojo eran responsables de la enfermedad. La ciencia dijo: «Atención, los átomos». La humanidad lo creyó –cómo no iba a creerlo– y asistió, alucinada, a una cascada de descubrimientos que nos describían nuestro ADN, nuestros códigos genéticos. No está nada mal para una criatura tan diminuta.

En sus laboratorios, los científicos espían a las células. Las conocen. Pueden verlas. Pero siguen sin comprender por qué mutan, por qué se rebelan y sobresaturan o merman el sistema.

Si la visión del doctor Hamer fuera cierta, la humanidad daría el salto más largo y alto de su historia médica.

El humano, esa criatura capaz de componer canciones, de dirigir orquestas, de levantar catedrales, estadios, rascacielos, teatros, auditorios, de escribir poemas, teoremas matemáticos, ecuaciones imposibles para la serpiente o los pájaros, de medir el universo con la vara inteligente de los números, de escrutarlo con máquinas de finos materiales que vuelan y gravitan con mandos remotos, de recibir mensajes a miles de kilómetros de los que le quieren, de los que detesta, de provocar noticias, de filmar documentales, de congelar imágenes que guarda en su cartera porque contienen un pasado que es siempre más dichoso en el futuro, de sentir corazonadas, de percibir fantasmas.

El humano, esa criatura que miente y reza, que se atreve y teme a la enfermedad y a la muerte. Oh, el humano, tan torpe y tan sofisticado, tan cruel con la madre tierra, tan despiadado con sus animales de granja pero tan sensible y fino que llora y aplaude al final de un concierto. El humano, en fin. Ay, el humano.

El humano, esa criatura... si en sí mismo es un misterio, ¿cómo va a resolverse a sí mismo?

❑❒❑

En sus últimos años, el doctor Hamer se volvió nostálgico. Recordaba, cada vez más, a Sigrid, su primera esposa. En 1976, dos años antes de la tragedia, le había compuesto una canción para celebrar su vigésimo aniversario: «Mein Studentenmädchen», «mi bella muchacha». Era una canción de amor, sin más pretensiones que la de sorprenderla después de veinte años casados. Poco tiempo antes de su muerte, el doctor se dio cuenta de que la canción, según describe él mismo, podía detener el pánico, el cáncer y la psicosis. Entonces le dedicó un libro, con ejemplos de pacientes que habían mejorado escuchándola y un CD con la música que cantan un coro y él mismo. Tenía setenta y siete años, y se comportaba con la lucidez de siempre.

«La representación gráfica de la pequeña canción de amor y la representación del programa especial con pleno sentido biológico son casi idénticos –aseguró el doctor Hamer–. Cuando la escribí, no sabía que era ya la Nueva Medicina Germánica y que me estaba anticipando a ella. La una es como la otra. Ambas son bifásicas. La canción es el prototipo de todas las melodías arcaicas y al mismo tiempo del programa especial con pleno sentido biológico (SBS) de la Medicina Germánica».

¿De verdad creía el doctor que la música de «Mein Studentenmädchen» podía curar el cáncer? «La canción no lucha contra el cáncer, simplemente optimiza el proceso del SBS», dijo. Según Hamer, los fetos, los niños y los animales resultan especialmente sensibles a su música. «A los gatos, por ejemplo, les fascina –afirmó–. Si se encuentran cerca de un aparato donde suene, se tumban a su lado y la escuchan. Les encanta y no me extraña. Tiene un efecto mágico».

He hecho la prueba. Les he puesto la canción a mis gatas, Éboli y Nina. Ni se tumban a su lado ni la escuchan. Sólo les provoca indiferencia.

Mientras vivía en Málaga, el doctor Hamer conoció a la pianista Giovanna Conti. Le enseñó su canción. Le pidió que la analizara y le diera su opinión como experta. «No era un gran trabajo musical –dice Giovanna–, pero reparé en que era un prototipo real y genuino de la Nueva Medicina Germánica. La canción reproduce, de la forma más simple y ejemplar, la segunda ley biológica». Esta ley nos habla del carácter bifásico de las enfermedades. Todo conflicto biológico consta de dos fases: la del conflicto activo y la de su resolución. «El empuje bifásico de los conflictos son la base de la vida –asegura Giovanna– y, por tanto, de las composiciones de los autores. Hay una fase positiva y otra negativa». Las notas de la canción se corresponden, en cada una de las fases, con el conflicto del autor al componerla. Y remata: «Hay recetas para tartas que coinciden con la música». Es decir, en todo acto creativo –desde componer una melodía, escribir un poema, preparar unos canelones o decorar el balcón de una casa– se dan dos fases, como en la segunda ley del doctor Hamer. En realidad está hablando del ritmo del mundo: día-noche, yin y yang, sístole y diástole, los dos movimientos del músculo cardíaco. Una vez me dijo un músico que el compás de este planeta es el del 2/4.

El arte también es orgánico. Opera con los mismos resortes, los mismos compases armónicos que emplea la Naturaleza. Que el resultado sea una gran ópera o la cancioncilla que un maestro de escuela les escribe a sus párvulos para que la entonen en la función de fin de curso no importa. Ambos son actos creativos, fieles a los conflictos biológicos del artista mientras compone.

Todo este andamio biológico aparece en todas las artes. El DHS es pura inspiración.

Si esto es cierto, mientras escribo este libro estoy viviendo mi propio SBS (conflicto especial con pleno sentido biológico). Mi DHS se produjo cuando descubrí el principio de la historia.

Me fascinó cómo un médico empezó a investigar la causa de su propio cáncer después de que una pérdida atroz le partiera la vida. Me conmovió descubrir la forma en que reaccionó ese humano, tan aplastado y vencido como un insecto debajo de una zapatilla. Podría haberse muerto por su cáncer de testículo. Podría haberse vuelto loco. Podría haberse resignado a su suerte y acatar la crueldad de su destino para acabar convertido en un médico gris. Pero no. Se rebeló contra todo, como un animal herido que se revuelve contra esa bestia que es la vida. Fue capaz de levantarse de su tumba en vida para emprender, él solo, una revolución. Al leer su *Testamento de una Nueva Medicina* comprobé que no se trataba de un charlatán.

El hombre que lo firmaba había investigado a conciencia. Era un científico.

❑❐❑

Después de la muerte de su esposa, tuvo varias parejas que lo acompañaron a lo largo de su vida. La última fue Bona García Ortin. No se sabe casi nada de ella. Empezó a trabajar en Amici di Dirk, la editorial de la Nueva Medicina ubicada en Alhaurín el Grande. Era española, mucho más joven que el médico, morena, delgada y pequeña. Cuentan que desde que iniciaron su relación, el doctor Hamer se volvió inaccesible. Colegas, discípulos, pacientes lo llamaban a Noruega y él no se ponía al teléfono. «Creemos que ella le mantenía alejado», me cuenta una doctora que intentó visitarlo. «Tal vez fuera para protegerlo. Desconfiaba de todo el mundo».

Estaba amargado. Era un hombre triste, lacerado por todo el desprecio acumulado en décadas.

«El principal obstáculo para la difusión de la Nueva Medicina es el propio Hamer», dijo por aquella época Teresa von Schwarzenberg. Esta mujer, además de princesa, era neuróloga. Un día se partió la espalda mientras esquiaba. «Lo sentimos, señora –le dijeron los médicos–, pero no volverá a caminar. Tendrá que pasarse el resto de su vida en cama o, con un poco de suerte, en silla de ruedas. No hay nada que hacer».

Pero Teresa no estaba dispuesta a perderse la vida. De eso nada. Ya tendría tiempo de yacer tumbada cuando se muriera. Ahora estaba viva. Y aún tenía dos piernas. Descubrió la Nueva Medicina. Se la aplicó a sí misma, como una alumna brillante y muy trabajadora. Se curó. Primero, dejó las muletas. Luego empezó a caminar. Al principio, muy despacio, hasta que consiguió hilar cinco, seis, siete pasos seguidos... En la actualidad camina como todo el mundo.

«Comprendí que uno sana cuando activa sus propias fuerzas curativas –declaró en una entrevista–. Lo importante es no darse nunca por vencido. Hay muchas formas de hacerlo. Cuando lo logra, uno descubre que es lo más eficaz que tenemos para curarnos».

Quiso conocer a Hamer. Lo visitó en su casa de Málaga. Pasó tres días junto a él, escuchándolo. «El doctor Hamer es un genio –dijo–. No cabe duda. Sus tres primeras leyes son correctas. Se merece el premio Nobel de medicina». Pero también fue contando que era un hombre resentido, demasiado soberbio. No era la única persona que lo pensaba. Jean-Jacques Crèvecoeur, que le había admirado y defendido siempre, acabó admitiendo que el genio se estaba equivocando de camino. «Todo lo que dice sobre Alemania y los judíos –dijo– es indefendible. Lo peor es que siempre lleva un pequeño guardaespaldas que se dedica a alimentar su paranoia. Y todo por miedo a perder la atención de Hamer, el gran jefe». Se estaba refiriendo a Bona.

Teresa von Schwarzenberg no fue la única que pidió el premio Nobel para el doctor Hamer. Hubo muchas personas y asociaciones que se sumaron a la petición desde la década de 1990.

En octubre de 2016, se le concedió el Golden Board en Hamburgo y Viena. Se trata de un premio grotesco, destinado a poner en ridículo a quien lo recibe. Una burla. Una pedorreta en la cara de un seudocientífico del que todos se mofan. Consiste en una estatuilla dorada, del tamaño de un Oscar, que sostiene en la frente una tabla a modo de venda. El diario *Spiegel* tituló la noticia: «Premio satírico para el doctor charlatán».

Fue el único premio que recibió el doctor Hamer en toda su vida.

VII. La Muerte

Nada se parece tanto a una persona
como la forma de su muerte.
Gabriel García Márquez

Ryke Geerd Hamer murió la noche del 2 de julio de 2017. Era domingo. Estaba durmiendo. No sabremos nunca si estaría soñando con su hijo, sólo que tuvo una muerte indolora y súbita. Una muerte en sueños, un cierre perfecto, un final maestro. No más tormentos. Ya había sufrido lo suyo viviendo.

El médico que firmó el acta de su defunción certificó un accidente cerebro-vascular como la causa. Horas más tarde, sus amigos Helmut y Erika Pilhar se encargaron de transmitirle al mundo la noticia. «Queridos amigos de la Nueva Medicina Germánica: hemos perdido a un grande. Estamos consternados ante el hecho de que nuestro querido y admirado doctor Hamer, un hombre y un médico excepcional, nos haya dejado. Nos sentimos profundamente agradecidos por haberte conocido y orgullosos de haber recorrido junto a ti, amigo paterno y sabio maestro, una parte del camino. Gracias, querido Geerd, lloramos por ti».

Los Pilhar acababan de perder a su hermano mayor del alma. Como Hamer, por su causa, habían sido perseguidos por la justicia. Se habían visto acorralados, sin escapatoria, por no acatar ni ceñirse al dictado del sistema. En 1995, un tribunal austriaco les arrebató la custodia de su hija Olivia. Tenía siete años y un cáncer de riñón. Sus padres no querían someterla a quimioterapia. Se habían puesto en manos de Hamer. El estado intervino. Operaron a Olivia, por orden de un juez, en un hospital de Viena. Viena de nuevo, cuna de Freud y tumba de Semmelweis. Qué tendrá esa ciudad que aparece tanto en las revoluciones médicas. El sistema acabó salvando la vida de Olivia, pero sus padres no perdonaron la afrenta. Desde entonces, se dedicaron a difundir la Nueva Medicina.

En sus últimos años, el doctor Hamer había engordado mucho. Le habían crecido ostentosamente la nariz y las orejas. Parecía un gigante o un ogro bondadoso, con las cejas muy blancas y las manos y los pies enormes. A pesar de los años, seguía conservando ese azul de ojos, tan limpio y vívido, y una sonrisa bonita y franca. Siempre tuvo aspecto de buen hombre.

Quería ser enterrado en Alemania. Y desde Sandefjord, cuna de su muerte, llevaron sus restos a Erlangen, la ciudad donde se había casado, sesenta y un años antes, con Sigrid Oldenburg, su Sigrid. Lo enterraron en el cementerio del oeste. El funeral se ofició el 14 de julio.

Fin de la historia, de su historia de hombre, porque su legado sigue propagándose como una llama: de cerilla a cerilla, de antorcha en antorcha, sin perder la fuerza del fuego primigenio, aquellas horas vividas en su despacho de Oberaudorf cuando tuvo que sentarse y respirar muy hondo porque le temblaban las rodillas. En aquel instante, para Ryke Geerd Hamer el mundo se detuvo y él estaba en medio, solo y en silencio, respirando. Cerraría los ojos para escuchar mejor sus pensamientos: «¿Será verdad? Tiene que serlo».

En ese instante de revelación, los descubridores, ¿sienten miedo?, ¿alegría?, ¿angustia?, ¿parálisis?, ¿ganas de llorar?, ¿vértigo? ¿Qué siente un ser humano cuando está seguro de que ha descubierto una verdad, un trozo del misterio, una pieza oculta del mecano?

Los mortales comunes nunca lo sabremos.

❑❒❑

El caso es que el 17 de mayo de 1935, en Mettmann, cerca de Düseldorf (Alemania), nació un hombre que tuvo el coraje de cuestionar la medicina clásica. Intentó explicarse de buenas maneras. Quiso demostrar su ciencia. No le hicieron caso. «Era un oportunista, un farsante, un sinvergüenza», siguen diciendo. Tal vez le tuvieran miedo. Tal vez sigan temiéndole y presientan el peligro de tener que empezar de nuevo.

Se enfrentó solo al sistema y luchó por sus pacientes. Tal vez fuera un demente que gritó tanto y tan alto que contagió su locura. O tal vez fuera uno de esos seres que aterrizan en el mundo para poner orden. Luego desaparecen. Dejan tras de sí una obra que nos mejora la vida y la muerte.

O tal vez hacer un descubrimiento no sea destapar un secreto ni encontrar un escondite, sino crear algo nuevo. Según la física cuántica, la realidad es la mirada del que observa. Tal vez Ryke Geerd Hamer creó para la humanidad otros ojos. Le ofreció otra forma de verse, una mirada nueva.

«Es la medicina del futuro», decía con un convencimiento inquebrantable. Le había costado un hijo y un testículo. No se me ocurre un precio más alto. Puede que se equivocara pero no era un mentiroso. Siempre se comportó con la inocencia de los genios. Carecen de picardía. «Los pacientes no son "casos" ni una masa de proteínas –decía–. Son personas como nosotros. Hemos creado una medicina sin alma, orientada sólo al síntoma. Para mí, el tratamiento médico de una persona o un animal enfermo es una especie de intervención sagrada».

Le pregunté al doctor Herrera por la religión de Hamer. «Creo que su Dios era la madre Naturaleza –me dijo–. La reverenciaba».

Mientras escribo estas líneas, la práctica de la Nueva Medicina sigue estando perseguida en Europa. Los médicos que la aplican tienen que hacerlo a hurtadillas, como delincuentes. Se juegan su licencia. Pero al otro lado del mundo, en Nicaragua, la Nueva Medicina Germánica aparece en el plan de estudios de la facultad de medicina de Managua. Los estudiantes acuden a seminarios donde analizan las tablas del doctor Hamer para aprender la conexión cerebral de cada órgano. Allí es legal desde 2012.

El texto de la ley promulgada para su legalización dice: «Nueva Medicina Germánica: abordaje científico de la Medicina que concibe al ser humano como una conjunción indivisible entre la psique, el cerebro y la base orgánica, en conexión con todos los seres vivos y el entorno, en sus aspectos socio-económico y cultural. Considera la identificación del conflicto biológico que subyace en el origen de toda enfermedad, y guía científicamente el proceso terapéutico que facilita el autoconocimiento por parte del paciente, y su responsabilidad sobre el propio potencial curativo. (Se basa en las cinco leyes biológicas descubiertas y comprobadas por el doctor Ryke Geerd Hamer en más de cuarenta mil casos clínicos desde 1981)».

En Nicaragua, los médicos de la Nueva Medicina pasan consulta con la cabeza muy alta.

❑❒❑

Ya estoy terminando.

Este libro es un palo de ciego. En realidad, ¿qué sabemos? Moriremos porque nacimos y esta sí que es una ley de hierro.

Voy a escribir lo que me digo tantas veces: te vas a morir. Para tu muerte no habrá medicina. Si todavía no ha llegado, llegará ese día en que te digas: «Joder, que ya soy viejo». Entonces alguien aún más viejo te dirá: «Pues anda que no te queda...». Pero empiezas a hacer cuentas. Recuerdas al joven que fuiste. Eras multimillonario. Disponías de un gran capital: toda la vida por delante. Pero el tiempo corre, la salud se agota. Se te acaban los ahorros. Se extinguen las reservas. Aparecen los números rojos. Y entonces tal vez te sientas muy pobre, como cuando llegaste al mundo y eras sólo una promesa.

Te vas a morir. Llegará tu hora, y cuando llegue, no habrá medicina que te salve, ni la oficial ni la de Hamer. Pero si enfermas, tuyo es el derecho virgen y sagrado de curarte o de morir con la ayuda que tú escojas. Tienes el sumo derecho de decidir qué medicina quieres. Te lo has ganado: has vivido lo tuyo y puedes seguir viviéndolo.

No te asustes. Vivir es lo más difícil y es lo que llevas haciendo desde que recuerdas. Nacer te costó tu esfuerzo. Te abriste camino embistiendo, primero un hombro, luego el otro, marcando el paso, al compás del parto, como un soldado entrenado por el universo. Obedecías a tu Naturaleza. Cuando uno muere no empuja. No parece que requiera esfuerzo. Es más como si se abandonara, mientras respira muy fuerte, a la espera de lo que suceda. Morirse es sólo una entrega. Además, todos se mueren. No debe de ser tan difícil.

No hace ni quince días murió Nina, una de mis gatas. Sabía que era su hora pero nosotros nos resistíamos. La llevamos al veterinario. «Los riñones –dijo–. Traedla dentro de dos días. Si las medicinas no le hacen efecto, tendremos que ingresarla». Pero ella quería estar en paz. Se refugió en un armario. Ya no se acicalaba ni comía. Sólo esperaba el desenlace.

Nina se fue sin quejarse, sin emitir ni un solo maullido de agonía, sin esbozar ni un gesto de protesta. Después de catorce años de hermosa convivencia, nos dio una lección de muerte. Se entregó a su final con nobleza. Siempre tuvo mucha clase. Los animales, qué bien se mueren. Cuánto saben de lo que en verdad importa.

La medicina de siempre nunca vencerá a la muerte. La medicina de Hamer, tampoco. No matan la enfermedad ni la medicina con sus errores. Lo que te mata es la muerte. El doctor Ryke Geerd Hamer no era un asesino; era un médico. Y un médico cura; un médico no mata.

La psique es un ardid de la Naturaleza –vino a decirnos– para restaurar el cuerpo cuando un conflicto atenaza. Si el paciente se autoexplora, lo descubre y lo resuelve, puede curarse del todo.

El cuerpo *enferma* porque la psique lo ordena. ¿Llegará la humanidad futura a aprender a autosanarse? Es cuestión de perspectiva, de proyectar la mirada hacia dentro.

Parece que aún es pronto para su legado. El avance humano es lento; el conocimiento, largo y costoso.

Nos dejó una medicina para una nueva humanidad, esa que dicen que está despertando. Esa humanidad creyente, al igual que el doctor Hamer, en que no hay más dios ni más amo que la Naturaleza. Esa que reclama la Naturaleza pura y rechaza la sintética. Esa humanidad que se mira por dentro, que cree en el poder de la mente, que cuida el planeta, que respeta a los demás seres vivos. Siente que la biología es sagrada. Tal vez esa humanidad sea la salvadora de la especie.

Señores de la ciencia, catedráticos del cuerpo, eruditos de la sangre, la linfa y las células, ¿tan difícil es verificar la Nueva Medicina? Me sumo, desde mi escritorio, al grito del doctor Hamer: «¡Verifíquenlo! ¿Por qué no lo verifican?». Y si resulta que es falsa, hágannoslo saber cuanto antes. La humanidad está esperando.

Pero no llamemos criminal a un hombre por tratar lo mejor que supo a sus pacientes. ¿Era un genio o era un loco? El presente lo está juzgando. Que el futuro sentencie.

Pronto.

Bibliografía

Céline, Louis-Ferdinand: *Semmelweis.* Marbot Ediciones, Barcelona, 2009.

Frankl, Viktor: *El hombre en busca de sentido.* Herder, Barcelona, 2015.

González, Enric: «Un Saboya para el infierno», *El País,* 25 de junio de 2006.

Hamer, Birgit: *Delitto senza castigo.* Aliberti editore, Roma, 2011.

Hamer, Ryke Geerd: *Einer gegen alle.* Amici di Dirk, Ediciones de la Nueva Medicina, Alhaurín el Grande, 2005.

—: *Germánica Nueva Medicina. Presentación.* Amici di Dirk, Ediciones de la Nueva Medicina, Alhaurín el Grande, 2011.

—: *Resumen de la Nueva Medicina.* Amici di Dirk, Ediciones de la Nueva Medicina, Alhaurín el Grande, 2005.

—: *Testamento de una Nueva Medicina.* Parte I. Inédito/Sin publicar. (Circula por Internet en pdf)

—: *La génesis del cáncer.* ASAC, Chambéry, 1991.

Herrera Adell, Vicente: *0,25 % Ondas, moléculas, formas y alma.* Letrame Editorial, Poland, 2018.

HDEZ. VELASCO, IRENE: «¿Es Vittorio Emanuele de Saboya un asesino?», *El Mundo,* 25 de febrero de 2011.

JUNG, CARL G: *La interpretación de la naturaleza y la psique.* Editorial Paidós, Buenos Aires, 1983.

—: *Energética psíquica y esencia del sueño.* Editorial Paidós, Buenos Aires, 1954.

—: *El hombre y sus símbolos.* Editorial Paidós, Buenos Aires, 1995.

—: *Paracélsica.* Editorial Nilo-Mex, México DF, 1983.

JURGERSON, JUAN: *Las mentiras lucrativas.* Amici di Dirk, Ediciones de la Nueva Medicina, Alhaurín el Grande, 2002.

MAMBRETTI, GIORGIO y SERAPHIN, JEAN: *La medicina patas arriba. ¿Y si Hamer tuviera razón?* Ediciones Obelisco, Barcelona, 2002.

MANNIRONI, PIERO: «Vitorio Emanuele: Sparai allo studente», *La Nuova Sardegna,* 16 de septiembre de 2008.

MILLOT, LORRAINE: «Procès d'un charlatan du cancer en Allemagne», *Liberation,* 23 de agosto de 1997.

NULAND, SHERWIN : *El enigma del doctor Ignác Semmelweis.* Antoni Bosch editor, Barcelona, 2005.

PELLIZARI, PIERRE: *Me he tratado con la Nueva Medicina del doctor Hamer.* Ediciones Obelisco, Barcelona, 2011.

SINCLAIR, WILLIAM: *Semmelweis. His life and his Doctrine.* University of Manchester, Manchester, 1909.

WHITMAN, WALT: *Hojas de hierba.* Galaxia Gutenberg, Barcelona, 2014.

http://nuevamedicinahamer.blogcindario.com/2011/04/00146-documental-de-4horas-de-duracion-con-subtitulos-en-castellano-sobre-la-nueva-medicinagermanica.html

https://concienciabio.com/capas-embrionarias-originales.html

www.newmedicine.ca/spanish_intro.php

www.nuevamedicinagermanica.com.mx/

www.nuevamedicinagermanica.com.mx/2015/11/confirmaciones-de-la-nmg-therese-von-schwarzenberg/

www.solucionesnaturales.es/nicaragua-reconoce- la-medicina-germanica/

https://coloidales.jimdo.com/dr-hammer/nueva-medicina-i/

https://seryactuar.org/temas/ciencia/la-ciencia-que-nos-ocultan/germanica-nueva-medicina/los-focos-de-hamer/

www.odiseajung.com/articulos/jung-y-los-fenomenos-paranormales/

https://lapizarradelaciencia.wordpress.com/2011/02/18/el-sueno-de-kekule/

www.giannibarbacetto.it/2017/12/18/vittorio-emanuele-di-savoia-italiano-offshore/

https://web.archive.org/web/20040621050547/http://pilhar.com/Hamer/Korrespo/1986/861217.htm

http://free-news.org/index03_persecucion.htm

www.olivia-tagebuch.at/vorwort.html

www.burbuja.info/inmobiliaria/temas-calientes/196363-martirio-de-olivia-pilhar-familia-y-dr-hamer- 2.html

www.dsalud.com/noticias/hamer-el-medico-que-revoluciono-la-medicina-y-el-tratamiento-del-cancer-de-nuevo-en-la-carcel

www.dsalud.com/noticias/el-doctor-ryke-geerd-hamer-en-libertad/

www.alain-scohy.com/bernard-asquin-page-2.html

www.verdadypaciencia.com/article-el-dr-hamer-y-la-conspiracion-talmudista-sionista-en-la-cura-del-cancer-part-ii-113351594.html

www.transgallaxys.com/~kanzlerzwo/index.php?topic=1828.0

www.spiegel.de/wissenschaft/medizin/pseudowissenschaft-ryke-geerd-hamer-gewinnt-goldenes-brett-a-1116214.html

Youtube: *Las 5 leyes biológicas. Tercera revolución en la historia de la medicina.* Producido por David Münnich
www.youtube.com/watch?v=FlBa62q-dYI

Youtube: *Dr. Hamer speech after the verification of GNM in Trnava University in 1998*
www.youtube.com/watch?v=n2NY0fynr0M

Youtube: *Seul contre tous*, le film, un film de jean Jacques Crévecoeur, 2008. Jacquanou Sem Productions Inc.
www.youtube.com/watch?v=THP6ciOYbIA

Youtube: *Il video che incastra Vittorio Emanuele di Savoia,* Publicado por *Il Fatto Quotidiano,* 23 de febrero de 2011.

www.youtube.com/watch?v=hU49yXS_YW8

Youtube: *Entrevista con el doctor Hamer sobre la Nueva Medicina Germánica.*
www.youtube.com/watch?v=tpXI6qDo7EE

Youtube: *Recopilación de vídeos inéditos del Dr. Ryke Geerd Hamer, traducido al español.*
www.youtube.com/watch?v=kV-mqaWTiG0

Youtube: *Dra. Schwarzenberg: Sanada con la Nueva Medicina Germánica*
www.youtube.com/watch?v=qCaDMtw98LQ

Youtube: *Dr. Ryke Geerd Hamer – Sobre la canción arcaica, bifásica que sana el cáncer, pánico y psicosis.*
www.youtube.com/watch?v=6K8qSQSZr7A

ÍNDICE